Als hell aufleuchtender Planet hat die Venus neben dem Mond bereits in der Antike die Aufmerksamkeit der Beobachter auf sich gezogen, wobei ihre Größe, verglichen mit der Erscheinungsform des Mondes, einen naturgemäßen Ausdruck in dem nahe liegenden Bild von Vater und Tochter fand.

Der Autor konnte ermitteln, dass das frühe minoische Religionskonzept vornehmlich auf die kultische Verehrung der mit den Himmelskörpern identifizierten Gottheiten ausgerichtet war und dass es sich bei dem sagenhaften König Minos und seiner Tochter Ariadne, deren Namensentlehnungen bereits einen astralen Hintergrund besitzen und dem alten Orient entstammen, um Personifikationen von Mond und Venus gehandelt hat. Er weist in diesem Zusammenhang nach, dass die sogenannte minoische Doppelaxt nicht, wie bisher von der Forschung angenommen, ein Tötungsinstrument im Kult, sondern ein für den kultischen Gebrauch notwendiges Ritualsymbol gewesen ist, welches dem Naturschauspiel einer Sonnenfinsternis nachgeformt war.

Im Mittelpunkt dieses Kultes stand die minoische Göttin Ariadne (Aphrodite, Venus), deren Beistand bei der Überwindung nur in der Vorstellung existierender negativer Auswirkungen einer solchen Finsternis auf das Gemeinwesen erbeten wurde. Der Beitrag der Göttin wird in der griechischen Erzählung von Minos, Ariadne, Theseus und dem Minotauros, die dem minoischen Ritual nachgebildet ist, in mythischer Form aufgegriffen und glorifiziert.

*Giuseppe di Cornelio*, Jahrgang 1952, studierte Rechtswissenschaften und hat erst nach langjähriger Tätigkeit als Rechtsanwalt das Studium der Klassischen Archäologie, Ägyptologie und der Alten Geschichte aufgenommen.

Er lebt seit Anfang 2013 als freier Autor in Köln.

Giuseppe di Cornelio

# Doppelaxt und Mondtransit

Ein minoisches Ritualsymbol
gibt sein Geheimnis preis

Meiner lieben Frau Hiltrud, die mir jederzeit
hilfreich und beratend zur Seite stand.

© 2013 Giuseppe di Cornelio
Herstellung und Verlag: BoD – Books on Demand, Norderstedt
ISBN: 9783732254200

Bibliografische Information der Deutschen Nationalbibliothek

Die Deutsche Nationalbibliothek verzeichnet diese Publikation in
der Deutschen Nationalbibliografie; detaillierte bibliografische Daten
sind im Internet über www.dnb.de abrufbar.

# Inhaltsverzeichnis

Das Ritualsymbol bildete den Hintergrund der Erzählung von Minos, Ariadne, Theseus und dem Minotauros, welche sich der Überlieferung nach wie nachfolgend zugetragen haben soll.

## 19. Die Erzählung von Minos, Ariadne, Theseus und dem Minotauros

Minos, der seinerzeit als König über Kreta herrschte, bat den Meeresgott Poseidon, ihm zur Bestätigung seines königlichen Rechtes einen Stier aus dem Meer zu schicken. Minos, der auf Verlangen des Poseidon versprochen hatte, den Stier zu opfern, ließ wegen der unvergleichlichen Schönheit des Tieres von seinem anfänglichen Vorhaben ab. Hierüber erzürnt, machte Poseidon von seiner göttlichen Allmacht Gebrauch und veranlasste, dass sich Pasiphae, die Gattin des Minos, unsterblich in den Stier verliebte. Mittels eines angefertigten Kuhmodells, in welchem sich Pasiphae verbarg, verband sich diese mit dem Stier. Frucht dieser Verbindung war der Furcht erregende Minotauros, halb Tier, halb Mensch. Der griechischen Erzählung nach wurde Daidalos, seinerzeit ein Vertrauter des Königs Minos, damit beauftragt, für den Minotauros einen Aufenthaltsort zu schaffen, wo der Minotauros eingeschlossen und ihm eine Flucht unmöglich gemacht werden sollte.[146]

Sodann nahte zum dritten Mal der Tag, an dem Gesandte des Königs von Kreta bei den Griechen einen vereinbarten Tribut einforderten. Es war nämlich vor Jahren der Sohn des Minos, Androgenes, im attischen Gebirge durch Hinterlist getötet worden. Minos hatte daraufhin die Gegend mit einem verheerenden Krieg heimgesucht und das Land wurde zudem von den Göttern durch Seuchen und Dürre verwüstet.[147] Um den Zorn der Götter und den des Minos zu besänftigen, waren die Griechen, einem Orakel des Gottes Apollon nach, verpflichtet, alle neun Jahre sieben Jünglinge und ebenso viele Jungfrauen von edlem Blut und untadeliger Schönheit nach Knossos auf die Insel Kreta zu schicken, wo sie dem Minotauros zum Fraße dienen sollten. Großes Wehklagen erhob sich, während die Opfer ausgewählt wurden. Da drängte sich Theseus, der Sohn des attischen Königs Ägeus vor und bat, in die Zahl der zu opfernden Jünglinge aufgenommen zu werden.[148] Sein Vater versuchte vergebens, Theseus von seinem Vorhaben abzubringen.[149] Vor der Abfahrt, so wird berichtet, habe Theseus mit den jugendlichen Opfern den Tempel des griechischen Gottes Apollon Delphinos aufgesucht, der sowohl auf dem griechischen Festland, als auch auf Kreta als Schützer der Seefahrt verehrt wurde. Bei dieser Gelegenheit habe der Gott dem Theseus geraten, die Göttin Aphrodite mitzunehmen.[150] Der junge Held Theseus bestieg nun mit seinen Begleitern das Schiff, welches sie nach Kreta bringen sollte. Schwarz wehte dessen Flagge vom Mast und schwarze Segel spannten sich im Fahrtwind. "Kehren wir glücklich wieder", rief der junge Held dem am Gestade verweilendem Vater zu, „so sollen dir weiße Segel schon von fern unsere Rückkehr verkünden!"

Nach günstiger Überfahrt erreichte das Schiff Knossos. Theseus gewann durch seine Schönheit und Heldenjugend die Liebe der Königstochter Ariadne. Sie gestand ihm ihre Zuneigung und reichte ihm, als er mit den weiteren Opfern zum Aufenthaltsort des Minotauros geführt wurde, ein Schwert und ein Garnknäuel.[151] Einer anderen Variante der Sage nach soll Ariadne zudem mit einer leuchtenden Krone den Zugang zum Gefängnis des Minotauros erhellt haben. Theseus befestigte eines der Enden des Garnknäuels an der Eingangspforte und befahl seinen Gefährten, ihm zu folgen. Langsam, den Garnknäuel von einer Spindel abspulend, gelangte man zu dem dunklen und verwinkelten Ort, wo der Minotauros, seine Beute erwartend, auf der Lauer lag. Theseus erlegte den Minotauros im Kampf mit dem Schwert und trat sodann mit den vor dem Tode Geretteten den Rückweg durch die Höhlengänge an, geleitet durch den Faden der Ariadne.[152]

Mit allen seinen Landsleuten verließ Theseus noch in der Nacht Kreta, wobei ihn Ariadne begleitete. Der Sage nach soll er Ariadne auf der Insel Naxos zurückgelassen haben, da diese ihrer Schicksalsbestimmung nach nicht ihm, sondern dem Gott Dionysos bestimmt gewesen sei.[153] Auf der Insel Delos habe Theseus mit seinen Gefährten einen Reigentanz aufgeführt. In seiner Trauer um Ariadne habe er vergessen, das schwarze Segel mit dem Weißen zu vertauschen, wie er es seinem Vater bei der Abfahrt versprochen hatte.

Der Vater des Theseus, der die Rückkehr seines Sohnes sehnlich erwartete, hielt an der Küste nach ihm Ausschau. Als der Wartende die schwarzen Segel erblickte, war er davon überzeugt, sein Sohn habe den Tod gefunden und stürzte sich aus Gram über das vermeintliche Ableben seines Sohnes von der Klippe in den Tod.[154]

Da alles darauf hindeutete, dass diese Erzählung möglicherweise eine Erklärung für die Einrichtung und Gestaltung des vom Verfasser ausgemachten minoischen Kultes und dessen Ritualhandlungen bot und diese Erzählung insbesondere das hierfür angefertigte Zentralsymbol, die ´Labrys`, auszuleuchten in der Lage war, machte sich dieser nunmehr daran, zunächst die Hauptdarsteller der Erzählung und die Erzählung selbst von den griechischen Hinzudichtungen zu befreien, um Wesen und Bedeutung der handelnden Personen für das minoische Ritual nachzuzeichnen.

## 20. Minos und seine Tochter Ariadne

Dass die zentralen Gestalten der griechischen Erzählung nicht mit historischen Persönlichkeiten zu verbinden sind und der Sage auch kein historischer Kern zugrunde liegt, hat der Verfasser bereits an anderer Stelle deutlich gemacht.

Eine Verknüpfung des Königs Minos mit einem göttlichen Wesen, nämlich dem Mondgott, ist bereits aufgrund der aufgezeigten Verbindung seines Namens mit der babylonisch/ assyrischen Bezeichnung (min)-itu[155] anzunehmen, dessen Wortinhalt mit den Phasen des Mondes zu verbinden ist. Der Mond wurde schon in Ur, der berühmtesten und ältesten aller mesopotamischen Städte, als Schirmherr der Stadt verehrt, jedoch im Laufe der Zeit von seiner Tochter Inanna in den Hintergrund gedrängt.

Wie lange der Mond anfänglich auch im minoischen Bereich die Position eines Schirmherren inne hatte, bevor seine Tochter, dort mit dem Namen Ariadne (Aphrodite, Venus, d. Verf.) belegt, neben diesem die Vorherrschaft erlangte, kann nicht mit Sicherheit gesagt werden. Der Überlieferung nach war es Minos, der mit der Gesetzgebung der Minoer verbunden gewesen ist und die staatlichen Einrichtungen Kretas zu einem gemeinsamen Staat zusammengeführt hat. Wir haben zudem gehört, dass das mesopotamische System, die Errichtung von Stadtstaaten, die Dualität von Stadtgott und Priesterkönig, sowie die Einrichtung weiterer politischer Systeme, Kreta bereits frühzeitig erreicht hat.[156] Vertreter des Stadtgottes war der König, der zugleich mit priesterlichen Funktionen betraut war. Für den mesopotamischen Raum wird angenommen, dass spätestens seit der dritten Dynastie von Ur eine Gleichstellung von König und Gott wahrnehmbar ist.[157] Inwieweit sich dieser Prozess auch auf die Verhältnisse Kretas ausgewirkt hat, ist mangels konkreter Anhaltspunkte nicht zu ermitteln. Die Existenz eines historischen Königs namens Minos, dem gleichzeitig göttliche Verehrung zugekommen ist, scheint, zumindest was seinen Namen und dessen Grundbedeutung und Herkunft anbelangt, eher unwahrscheinlich zu sein. Nicht auszuschließen ist jedoch, dass neben dem Mondgott das kretische Königtum mit diesem Namen verbunden gewesen ist.

Für eine solche Mutmaßung könnte der Hinweis des griechischen Schriftstellers Hesiod sprechen, wonach es sich bei Minos um den königlichsten unter den sterblichen Fürsten gehandelt habe, dem sein Zepter von Zeus persönlich übergeben worden sei. Dass d e r Minos, mit dessen Person man Gesetzgebung, Recht und Ordnung verband, sowie d e r Minos, von welchem die griechische Sage berichtet, mit dem Mondgott zu identifizieren ist, besteht bereits aufgrund der vom Verfasser ermittelten Verknüpfung seines Namens mit der babylonisch/assyrischen Stammform ´min` kein Zweifel. Es ist anzunehmen, dass bereits für die griechischen Einwanderer die Bedeutung des Minos als Stadtgott nur noch historische Züge aufwies und dessen mythische Gestalt in weiter Ferne lag. Die griechische Erzählung von Minos, Ariadne, Theseus und dem Minotauros jedenfalls hat eine strenge Scheidung seiner Persönlichkeit in eine göttliche oder nur menschliche Wesensart nicht vorgenommen. Der überlieferte Hinweis, dass die einwandernden Griechen die auf Kreta vorgefundene Stadtgottheit der Minoer zum Sohn ihres Stammvaters Zeus machten[158], lässt jedoch zumindest eine Vorstellung der Einwanderer von der Göttlichkeit des Minos vermuten, die auch in der griechischen Sage zum Ausdruck kommt.

In der griechischen Erzählung ist es Minos, dessen Sohn Androgenes im attischen Gebirge getötet worden ist. Es ist Minos, der die Gegend mit einem verheerenden Krieg überzieht. Die regelmäßige Tributleistung war der Erzählung nach dazu da, den Zorn des Minos und den der Götter zu besänftigen, die das Land mittels Seuchen und Dürre verwüstet hatten.

Es ist jedoch n i c h t Minos, der Theseus bei seinem Vorhaben, den Minotauros zu töten, behilflich war. Vielmehr ist es dessen Tochter Ariadne, deren Liebe Theseus durch seine Schönheit und Heldenjugend gewann und die ebenso wie ihr Vater Minos in der griechischen Erzählung mit menschlichen Zügen ausgestattet ist. Hier fällt auf, dass Ariadne gegen den Willen des Minos und gleichsam hinter dessen Rücken, dem Theseus bei seinem Vorhaben zur Seite stand, den Minotauros, der ihr "Stiefbruder" war, zu töten, ohne schwerwiegende Folgen für ihren Ungehorsam befürchten zu müssen. Vieles spricht dafür, dass die griechischen Einwanderer eine Situation vorgefunden haben, in der Ariadne, was ihre allgemeine Stellung als Göttin anbelangte, ihrem Vater gegenüber bereits eine Vormachtstellung eingenommen hatte. Hierzu beigetragen hat die beobachtbare Erscheinung des mit der Göttin zu identifizierenden Planeten Venus als Morgen- und Abendstern, der schon frühzeitig einen Vergleich mit den Phasen des

Mondes nahelegte.[159] Venus diente den Menschen, ebenso wie der Mond, als ein(e) Führer(in), wobei ihre geringe Größe, verglichen mit der Erscheinung des Mondes, einen naturgemäßen Ausdruck in dem nahe liegenden Bild von Vater und Tochter fand.[160] Im Laufe der Zeit gewann die Göttin, zunächst im orientalischen Bereich, immer mehr an Bedeutung. Gleichzeitig wies man dem Mond eine verhältnismäßig untergeordnete Rolle zu.[161] Jedenfalls, so wird angenommen, sei der Mondgott Sin und sein anfängliches Ansehen eher eine Erscheinung aus einer früheren Periode der babylonischen Religion als aus späterer Zeit.[162]

Eine solche Situation des Wandels mögen die griechischen Einwanderer auch bei Betreten der Insel Kreta vorgefunden haben, zu einem Zeitpunkt, als sie in Anlehnung an den minoischen Ritus und zu dessen Erklärung, die Geschichte von Minos, Ariadne und dem Minotauros nachformten.

## 21. Ein weiterer Name des Planeten Venus

Dass die Einwanderer und Eroberer bei der Gestaltung der Erzählung von Minos, Ariadne, Theseus und dem Minotauros auch um die Göttlichkeit und die hervorragende Bedeutung der Ariadne im Rahmen des Kultes wussten, ist dem Hinweis zu entnehmen, dass der Gott Apollon dem Theseus riet, bei seiner Unternehmung die griechische Ausbildung der Ariadne, nämlich Aphrodite mitzunehmen. Theseus sollte sich auf die Dienste der heimischen griechischen Göttin Aphrodite stützen. Über deren Identität mit der minoischen Gottheit Ariadne bestand somit kein Zweifel, andernfalls dieser Hinweis nicht erfolgt wäre.

Dass die Göttin Ariadne (Istar, Aphrodite, Venus) auch Adressatin des minoischen Kultes gewesen ist, zeigt ihre bedeutende Stellung, die ihr im Vergleich zu Minos in der griechischen Erzählung eingeräumt wird.

Die Göttin ist es, die Theseus mit ihrer leuchtenden Krone den Weg in das Gefängnis ausleuchtet und ihm den Faden übergibt. Ariadne trug auf Kreta auch den griechischen Namen Ἀριδέλα ( Aridela, der Verf. ), hinter welchem sich die Wortbedeutung "die Strahlende, die hell Leuchtende", verbirgt.[163]

Der Verfasser vermutete zunächst hinter den Namen Ariadne und Aridela, ebenso wie hinsichtlich der Namensbezeichnung des Minos, ein griechisches Lehnwort. Er mutmaßte, dass der griechische Stamm ´Ἀρι` (ari, der Verf. ) auch Teil des Namens der minoischen Göttin war und begab sich, auf der Suche nach einer gemeinsamen Ursprungsquelle wiederum in den babylonisch/assyrischen Sprachraum.

Über die Wortbezeichnung ´ar-hu` ( Mond ) [164], die bereits auf den vorgestellten und gesuchten Kontext deutete, gelangte der Verfasser zu dem Wort ´ari-tu` (Schild)[165], welches die Stammform ´ari aufweist, eine Stammform, die sich ebenso in der griechischen Bezeichnung für die Göttin, ´Ari–adne (-dela)`, wiederfindet. Der Wortbedeutung - unter Ziffer 3 im Assyrian Dictionary - konnte der Verfasser entnehmen, dass es sich bei ari-tu, neben dil.bat[166] um einen weiteren Namen des Planeten Venus handelt, „a  n a m e  o f  t h e  p l a n e t  V e n u s ".[167]

Das Assyrian Dictionary hat an dieser Stelle eine Verbindung zu der minoischen Bezeichnung der Göttin anscheinend nicht gesehen und daher auch nicht hergestellt.

Es darf demnach nunmehr entgegen anderer Ansicht als gesichert gelten, dass Ariadne, ebenso wie Aphrodite, mit dem Venusstern identifiziert worden ist.

An weiterer Stelle, wo Ariadne neben dem Gott Dionysos in Erscheinung tritt, ist diese Verbindung der Göttin mit dem Venusstern gleichsam für ewige Zeiten festgeschrieben worden. Dort wird berichtet, dass Dionysos ihre „leuchtende Krone unter die Sterne" versetzt habe.[168] Die eigentliche astrale Erscheinungsform der Göttin, sowie ein astraler Aspekt der minoischen Religion insgesamt, der nunmehr durch den babylonisch/assyrischen Stamm ´ari–tu` und seine Beziehung zum griechischen Namen Ariadne nachgewiesen ist, wurde von der Forschung nicht wahrgenommen.

Soweit dort vereinzelt im Zusammenhang mit der "dionysischen Ariadne" ein altkretischer Gestirnsdienst vermutet worden ist, wird die Göttin fälschlich mit der Mondgöttin verbunden.[169] Bereits die vorbenannte Handlung des Dionysos und die erkennbare, bedeutende Stellung der Ariadne im minoischen Kult, hätte für die Forschung Veranlassung sein müssen, einer möglichen astralen Wesenheit der Göttin nachzugehen.

Den eigentlichen Grund für die Vornahme des minoischen Kultes lieferte, was im zugehörigen Mythos vortrefflich geschildert wird, die eigentliche Zentralgestalt der Erzählung, der Minotauros. Auf dessen Besänftigung war das eigentliche Geschehen der Erzählung ausgerichtet. Der Verfasser vermutete alsbald eine Wesensgleichheit zwischen der mythische Gestalt des Minotauros und dem bedrohlichen Naturereignis einer Sonnenfinsternis und erhoffte sich, durch die Ergründung des Wesens dieser Kreatur im Rahmen des zum Ritual gehörigen Mythos von Minos, Ariadne, Theseus und dem Minotauros den Nachweis für die Richtigkeit seiner Überlegungen erbringen zu können.

## 22. Im Schatten des Minotauros

Über die Gestalt und Rolle des Minotauros ist in der Wissenschaft vielfach gerätselt worden.[170]
Der griechischen Überlieferung nach wird der Ort des mythischen Geschehens mit einem in der Nähe von Knossos gelegenen Wunderbau in Zusammenhang gebracht.[171] Alle späteren antiken Schriftsteller berichten von gewundenen, sich ineinander verschlingenden Irrgängen[172] Diesen Wunderbau habe Minos für den Minotauros bei Knossos errichten lassen. In der Erinnerung der griechischen Schriftsteller, so hebt die Forschung hervor, sei das seinen Windungen nach Labyrinth genannte Gebäude immer nur mit dem Haus des Minos verbunden worden, welches gleichzeitig das Haus der ´Labrys` gewesen sei.[173]
Möglicherweise aufgrund der Tatsache, dass dieses Ritualsymbol in großer Anzahl in kretischen Kulthöhlen gefunden worden war, wird in der Erzählung vom Labyrinth teils eine griechische Umdeutung dieser Höhlen vermutet[174], teils hinter der Bezeichnung Labyrinth ein dichterisches Bild[175] für möglich gehalten, hinter dem in Wahrheit eine natürliche Grotte gestanden und die der Mythos zu einem Gebäude gemacht habe.
Evans nahm dagegen an,[176] die griechische Vorstellung vom Labyrinth beruhe auf dem Anblick des prachtvollen Königspalastes von Knossos, den man nach seiner Zerstörung durch die griechischen Einwanderer, insbesondere wegen der umfang- und windungsreich angelegten Magazine, zum Gefängnis des Minotauros erklärt

habe. Diese, von Evans geäußerte Auffassung unterstützend, wird in der Forschung ausgeführt: „In den gewaltigen Trümmern des Königspalastes von Knossos mit der Weiträumigkeit seiner Anlage, der verwirrenden Menge seiner Wohnräume, Gänge, Treppenhäuser und Magazine, glaubt man heute das sagenumwobene Labyrinth des Königs Minos zu besitzen. Der monumentale Befund bestätigt aufs Beste die Erklärung des Labyrinths als das Haus der Labrys." Weiter heißt es: „Als die Sage vom Labyrinth entstand, war der Palast von Knossos längst zerfallen. In dem Gewirre der zahlreichen Höfe, Kammern und Gänge, mussten die Griechen einer einfachen, bürgerlichen Zeit etwas Übernatürliches erkennen. So riesengroß konnte keine bloß menschliche Behausung gewesen sein. Unheimliche Sagen umspannten die Ruine, aus der niemand seinen Weg zurückfand, wo der missgestaltete Sohn des Minos hauste, jener Minotaur, der eben nichts anderes ist, als eines der unzähligen dämonischen Mischwesen der altarchaischen Religion."[177]

Weder die antiken Schriftsteller späterer Zeit, noch die moderne Forschung hat die Nähe der ´Labrys` als Himmels- und Ritualsymbol zu dem die Sonne verdunkelnden Mondschatten und dem hiermit gleichgesetzten Minotauros wahrgenommen.

Das für den Kult angefertigte Symbol wurde nach Abschluss der Ritualhandlungen und Beschwörungen in die hintersten Räume der Höhlen geschafft und ebenso wie der Minotauros in der griechischen Geschichte gleichsam weggesperrt.

Der Überlieferung nach soll dieser Ort, bzw. die Kulträume der Paläste, nach späterer Verlagerung des Rituals dorthin, als "Haus der Labrys" bezeichnet und als Gefängnis des Minotauros angesehen worden sein. Die griechische Erzählung, die größtenteils auf dem minoischen Ritual basiert, hat dieses Bild aufgenommen, auf ihre Weise verarbeitet und aus dem Gefängnis ein Labyrinth gemacht.

Die Sage selbst berichtet nur wenig über den Minotauros, dessen Geburt das Entsetzen und den Zorn des Minos erregt haben soll und welche ihn veranlasst habe, dieses Mischwesen zwischen Mensch und Stier, als Zeichen der Untreue seiner Ehefrau, in ein eigens angefertigtes Gehege wegsperren zu lassen.

Ebenso bescheiden fallen die Kommentare der modernen Forschung bezüglich des Minotauros aus.

Hierbei scheint ein Siegelabdruck aus der Höhle von Psychro eine besondere Rolle gespielt zu haben. Auf diesem Bildnis befindet sich ein Mischwesen, welches mit dem Kopf und den Vorderfüßen eines Stieres ausgestattet ist, ansonsten einem menschlichen Körper gleicht (Abb. 22). Dieses Gebilde soll in der Wissenschaft in Anlehnung an den Mythos vom Minotauros erklärt worden sein, dessen Spur man eifrig gesucht habe.[178] Ein solches Ergebnis, so der Autor weiter, sei jedoch wenig wahrscheinlich und fährt fort: „Der Minotaurosmythos hängt vielmehr mit den Stierspielen zusammen, obgleich diese keinen religiösen Hintergrund haben. Wenn das Gegenteil oft behauptet wird, so beruht dies wieder auf dem Wunsch, nicht nur den Minotauer, sondern auch den aus dem Mythos abstrahierten Stiergott wieder zu finden."[179]

Bei diesen Überlegungen in der Forschung ist nicht in Betracht gezogen worden, dass die griechische Erzählung insbesondere den tierischen Anteil des Minotauros in Szene gesetzt hat, hinter welchem der menschliche Anteil dieser Figur deutlich zurücktritt. Durch diese Inszenierung wird zum einen dessen Wildheit und zum anderen eine Bedrohung durch den Minotauros hervorgehoben. Dem Minotauros wurde nachgesagt, dass er allein durch das Schütteln seines Kopfes in der Lage war, ein Erdbeben herbeizuführen.

Diese Andeutung, die mythische Gestalt des Minotauros anbetreffend, wies den Verfasser auf den mit diesem zu identifizierenden Mondschatten im Rahmen einer Sonnenfinsternis, ein Ereignis, das Krieg, den Tod des Königs, Seuchen und die Verwüstung des Landes durch Erdbeben zur Folge haben konnte. In seinem Wissen, dass es sich auch bei der Namensbezeichnung Minotauros um ein griechisches Lehnwort handelte, machte sich der Verfasser daran, auch dessen Ursprung und Grundbedeutung zu erkunden.

Abbildung 22: Minotaurus auf Siegel der Psychro-Höhle

## 23. Die Quelle der griechischen Namens-
entlehnung ´Minotauros`

Der Verfasser hat sich bei seiner Suche nach einer sinn-
vollen sprachlichen Ableitung wiederum in den altorientalischen Sprachraum begeben und herausgefunden,
dass es sich bei dem griechischen Namen Minotauros
um ein zusammengesetztes Lehnwort handelt, welches
sich aus den Elementen m i n und t a u r u zusam-
mensetzt. Wie bereits aufgezeigt, steht die Bezeichnung
´min-itu` für all das, was mit dem Mond zusammen-
hängt, wobei ´tauru` mit "gehörntes männliches Rind"
zu übersetzen ist.[180] Beide Wortstämme stehen in ihrer
Zusammensetzung für das, was sich die minoischen
Himmelsbetrachter unter dem Mondschatten bei seinem
Gang durch die Sonnenscheibe vorstellten. Die Beantwortung der Frage, ob es sich bei der Bezeichnung
´tauru`, wie teilweise angenommen, um ein indogerma-
nisches Wort handelt, das in den semitischen Raum
eingedrungen ist oder dieses möglicherweise als ursemi-
tisch zu gelten habe, eine Ansicht, für die vieles spricht,
kann hier dahin stehen und ist wegen der inhaltlichen
Eindeutigkeit des Wortinhaltes nicht zu entscheiden.

Die Furcht erregende Seite des Minotauros und dessen
Mischgestalt wird auch durch ein anderes griechisches
Lehnwort, nämlich πέλωρ ( pel-or = Ungeheuer, Ungetüm)[181] charakterisiert. Dieses Lehnwort enthält ebenso
wie die vom Verfasser ausgemachte babylo-
nisch/assyrische Bezeichnung für eine Finsternis, ´pelu`,
den Wortstamm ´pel` und ist zumindest anfänglich dem
Ereignis einer solchen Finsternis in Form des Mondschattens zugeordnet worden.

Wie wir bereits gehört haben, war für den Betrachter einer Sonnenfinsternis der Mondschatten, der sich mit seiner Kreisfläche vor die Sonnenscheibe schiebt und diese bei der Berührung beider Kreismittelpunkte ganz oder teilweise bedeckt, ein Himmelskörper eigener Art. Ein solcher Schatten trat nur im Rahmen einer Sonnenfinsternis auf und war für den damaligen Betrachter mit dem Mond nicht zu identifizieren. Die jeweils nach Berührung der Kreismittelpunkte beider Körper sichtbaren Segmente der Sonnenscheibe (Abb. 10), Sichelhörnern gleich, haben die irdischen Beobachter dazu veranlasst, hierin das "Gehörn" des Mondschattens zu erkennen und den Mondschatten nebst "Sichelhörnern" als ein Mischprodukt, demnach als ein Ungeheuer aus der Verbindung der Gattin des Mondgottes mit dem Stier, zu betrachten (Abb. 23).

Anders als bei der Verdunkelung des Mondes während einer Mondfinsternis, bei welcher der Mond in jeder Phase der Finsternis für den Betrachter noch als Mond erkennbar bleibt und nach Ansicht der Alten lediglich mit einem Schleier bedeckt war, ist die sich vor die Sonne schiebende Mondscheibe bei einer Sonnenfinsternis nicht mehr als verdunkelter Körper des Mondes erkennbar. Ein nahes Verwandtschaftsverhältnis mit dem Mond wurde nur aufgrund der Kreisform des Schattens, sowie aufgrund der vor und nach der Berührung beider Kreismittelpunkte durch die von der noch teilweise sichtbaren Sonnenscheibe geformten "Sichelhörner" angenommen. Der eigentliche Hintergrund der Formung der Segmente durch die bei der Finsternis noch sichtbare Sonnenscheibe, war mangels Kenntnis der Himmelsmechanik für die damaligen Beobachter nicht nachzuvollziehen und demnach nicht vorstellbar.[182]

Der Minotauros wurde daher sowohl bei den Minoern, als auch bei den Griechen, wie das griechische Lehnwort πέλωρον ( pel-oron, d.Verf. ) vermuten lässt, als Ungeheuer bezeichnet.

Auf den Zusammenhang mit einer Sonnenfinsternis weisen auch die griechischen Lehnwörter πέλευ (pel-eu, d.Verf.), dunkelfarbig, blauschwarz,[183] und πέλει (pelei, d. Verf.) "in Bewegung sein, sich regen", hin[184], ebenfalls mit dem babylonisch/assyrischen Wortstamm ´pel` für Finsternis, Dunkelheit, ausgestattet. Ganz deutlich tritt dieser Zusammenhang in dem zusammengesetzten griechischen Ausdruck κλαγγή γεράνων πέλει οὐρανόθι πρό ( regt sich vor dem Himmel)[185] hervor, vermutlich ein Hinweis auf die Bewegung des Mondschattens während des Transits.

Auch der dem Minotauros ebenso wie dem Minos zugewiesene griechische Name "Astereos" (sternenähnlich),[186] sowie die Abbildung auf einer korinthischen Pinax, wo die dunkle Gestalt des Minotauros von Sternen umgeben ist (Abb.24), deutet darauf hin, dass diese Mischgestalt der Vorstellung von einem personifizierten und nicht als solchen zu identifizierenden Mondschatten während einer Sonnenfinsternis entnommen worden ist.

Wenn Evans auch die wirkliche Bedeutung und den Ursprung der sogenannten heiligen Hörner nicht erkannt hat, so war seine Vermutung, dass es sich hierbei um Nachbildungen von Rinderhörnern handeln könne, dem Grunde nach richtig und aufgrund der auf Kreta gefertigten Bildnisse nicht zu übersehen. (Abb. 20, 21)

Wir haben gehört, dass die während des Mondschattentransits geformten Sichelpaare dem mit dem Mondschatten identifizierten Minotauros als Hörner beigegeben worden sind. (Abb.23) Dieser Bildgedanke taucht in mehreren Abbildungen auf, wo die ´Labrys` zwischen den Hörnern eines Rinderkopfes erscheint. Die Zusammengehörigkeit beider Einzelsymbole und die Zusammenfassung zu einem Gesamtsymbol, macht ein Vasenbildnis aus Zypern deutlich, auf dem beide Elemente einander abwechseln. (Abb. 25)

Durch die jeweilige Stellung der ´Labrys`, einmal zwischen den sogenannten heiligen Hörnern und zum anderen zwischen den Hörnern eines Rinderkopfes, wird die Inhaltsgleichheit des Gesamtbildnisses angedeutet. (Abb. 25)

Abbildung 23: Mondschatten mit Sichelhörnern

87

Abbildung 24: Korinthische Pinax mit Minotaurus und Astralsymbolen

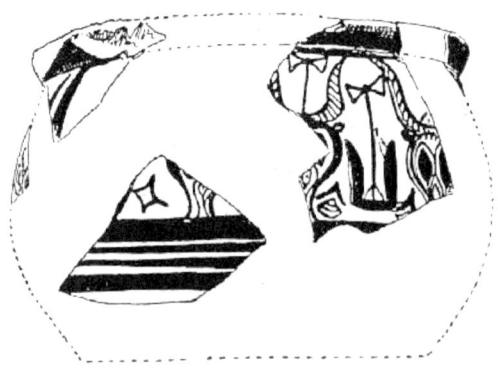

Abbildung 25: Doppeläxte zwischen Hörnern von Stierköpfen, Vase, Salamis

## 24. Das minoische Ritual und seine Widerspiegelung in der griechischen Sage

Die griechischen Eroberer haben bei der Formulierung der Erzählung von Minos, Ariadne, Theseus und dem Minotauros, den auf der Insel Kreta vorgefundenen minoischen Kult anlässlich der Abwehr negativer Folgen einer Sonnenfinsternis, sowie die in diesem Rahmen erfolgten Beschwörungen und Ritualhandlungen, vor Augen gehabt.

Grundzüge und einzelne Handlungskomplexe des minoischen Rituals spiegeln sich in der griechischen Erzählung wider.

Die Umstände der Zeugung des Minotauros haben die Griechen und demnach  wohl auch die Minoer ihren jeweiligen Erzählungen vorangestellt. Danach ging das furchterregende Ungeheuer aus der sexuellen Verbindung der treulosen Gattin des Minos mit einem Stier hervor. Von Pasiphae wird in der Forschung, jedoch ganz vereinzelt, zu Recht vermutet, dass sie möglicherweise eine Mondgöttin gewesen sei.[187] Diese hatte sich der Erzählung nach zur Aufnahme des Stieres hinter einem aus Kuhhaut bestehenden Kuhmodell verborgen, welches, auf ihr Bitten hin, ohne Wissen des Minos eigens von Daidalos angefertigt worden war.

Der Verfasser hat aufgezeigt, dass das Bild des Minotauros, der dieser Verbindung entsprungen sein soll, all das verkörperte, was die minoischen Himmelsbetrachter sich unter dem bedrohlichen Mondschatten vorstellten, wenn dieser während einer Sonnenfinsternis die Sonnenscheibe passierte und die Sonne für Augenblicke gänzlich bedeckt hat.

Aber auch das metaphorisch gebrauchte Bild vom eigens angefertigten Kuhmodell, hinter dem sich Pasiphae verbarg, ist auf ein vom Himmel abgelesenes Ereignis zurückzuführen.

Wir haben bereits gehört, dass im Gegensatz zu den Erscheinungen anlässlich einer Sonnenfinsternis, wo der völlig dunkle Mondschatten die Sonne passiert, die Mondscheibe während einer Mondfinsternis, von der Erde aus gesehen, noch schwach rötlich schimmernd sichtbar bleibt. Die orientalischen Astrologen nahmen in diesem Fall an, dass der Mond mit einem "Gewand" bedeckt sei. Eine solche Sichtweise mag auch die frühen Betrachter und Schöpfer der minoischen Erzählung und sodann die griechischen Einwanderer, als sie diese in ihren wesentlichen Teilen nachbildeten, zu der Vorstellung angeregt haben, dass sich die Gattin des Mondgottes Minos, die Mondgöttin Pasiphae, hinter einem solchen Schleier, den man sinnbildlich mit einer Kuhhaut verglich, mit dem Stier verbunden habe.

Ergebnis dieser Verbindung jedenfalls war das missgestaltete Ungeheuer, der außerhalb des Mythos mit der völlig verdunkelten Mondscheibe während einer Sonnenfinsternis verbundene Minotauros.

Die weiteren Elemente des minoischen Kultes, die der griechischen Erzählung von Minos, Ariadne, Theseus und dem Minotauros zugrunde liegen und in dieser Erzählung ans Licht kommen, wurden von den griechischen Einwanderern, soweit der eigenen Erzählung förderlich, durch eigene, griechische Interessen überlagert, mit diesen vermischt und auf diese Weise zum Teil bis zur Unkenntlichkeit verdeckt.

Die griechische Erzählung hat zunächst die Schauplätze der Handlungen vertauscht und für die Einbeziehung ihrer eigenen Akteure hergerichtet. Ging der minoische Kult zweifellos von einem möglichen Eintreffen der negativen Folgen einer Sonnenfinsternis auf Kreta aus, einer Finsternis, die ein Erdbeben, Krieg, Pest und Dürre, sowie die Tötung des Priesterkönigs mit sich bringen und somit das Gemeinwesen insgesamt gefährden konnte, so verlagert die griechische Erzählung die Verwüstung des Landes, sowie die Tötung eines Mitgliedes der kretischen Königsfamilie auf das griechischen Festland. Den Tod seines Sohnes rächend, überzieht Minos diesen Ort mit einem verheerenden Krieg. Zudem überziehen die Götter das Land mit Seuchen und Dürre.

Bei genauerer Betrachtung der Rachehandlung des Minos und der Sanktionen von Göttern, die im Einzelnen namentlich nicht genannt werden, wird sofort deutlich, dass es sich hierbei um exakt diejenigen negativen Folgen handelt, deren Eintreffen man auch im orientalischen Raum im Rahmen einer Sonnenfinsternis fürchtete und als deren Begleiterscheinung für möglich hielt. Solche Befürchtungen waren auch Grundlage für die Bildung des minoischen Kultes und der diesem Kult nachgebildeten griechischen Erzählung, was durch die dort enthaltene Aufzählung der Vergeltungshandlungen des Minos und der namentlich nicht genannten Götter deutlich wird.

In der griechischen Erzählung sind jedoch die Folgen einer Sonnenfinsternis, sinnbildlich dargestellt durch die Überziehung des Landes mit Krieg, Seuchen und Dürre, nicht auf Kreta, sondern auf dem griechischen Festland eingetreten. Lediglich die schmerzlichen Folgen der Tötung des kretischen Königssohnes haben sich in der Person des Minos auf der Insel Kreta realisiert. Auf diese Weise wird der Kultort Kreta, wo sich das Gefängnis des Minotauros befindet, in die griechische Erzählung miteinbezogen und eine Beziehung zum kretischen Ritual hergestellt.

Um den Zorn der Götter und den des Minos zu besänftigen, waren die Griechen verpflichtet, alle neun Jahre sieben Jungen und sieben Mädchen nach Kreta zu schicken, wo sie dem Minotauros zum Fraße dienen sollten. Die in regelmäßigen Abständen eingeforderte Tributleistung, der griechischen Erzählung nach durch ein Orakel Poseidons aufgetragen, veranlasste auf der griechischen Seite das Einschreiten des griechischen Helden Theseus.

Die Tributleistung in Form der Mädchen und Jungen wird vordergründig zwar zum Zweck der Kompensation für die Tötung des Androgenes an Minos geleistet; im Ergebnis sollten die Jugendlichen jedoch dem Minotauros zum Fraße dienen, der im minoischen Kult mit dem Mondschatten und dessen zerstörerischer Kraft identifiziert worden ist.
Die griechische Erzählung verwendet an dieser Stelle in Anlehnung an die im minoischen Kult vorzunehmenden Opferleistungen eigene Tributleistungen, die zwar vordergründig zur Kompensation für die Tötung des Minossohnes eingesetzt worden sind aber doch offensichtlich an den Minotauros weitergeleitet und diesen besänftigen sollten. Die eigenen Aufwendungen dienten nach Vorstellung der Schöpfer der griechischen Erzählung der Abwehr von zerstörerischen Auswirkungen einer Sonnenfinsternis auf das griechische Festland, von denen man annahm, dass sie durch einen wilden Stier bewirkt würden.

In diesem Zusammenhang ist in einer weiteren griechischen Erzählung von einem Stier die Rede, der, nachdem er von Herakles auf das griechische Festland geholt worden war, dort alles verwüstet haben soll, bis er von Theseus bezwungen worden sei.

Ob es sich bei den Opferhandlungen im Rahmen des minoischen Rituals, wie der griechischen Erzählung nach vermutet werden könnte, auch um Menschenopfer gehandelt hat oder eine solche Form der Opferleistung anlässlich einer Sonnenfinsternis aus dem alten Orient mitgebracht worden ist, kann aufgrund fehlender Quellen nicht ermittelt werden.

In einer Abwandlung der griechischen Erzählung werden dem Minotauros Ziegen und Schafe zur Speise vorgeworfen, aber auch Menschen, die von Minos mit dem Tode bestraft worden waren.[188] Da die Art der Opferleistung für den eigentlichen Ritualverlauf nicht zwingend von Bedeutung ist, kann die Beantwortung dieser Frage hier vernachlässigt werden.

Ebenso, wie im minoischen Kult die Göttin Ariadne (Istar, Aphrodite, Venus) in das Geschehen mit einbezogen wird, verpflichtet die griechische Erzählung ihren Helden Theseus, vor der Fahrt nach Kreta den Tempel des Apollon aufzusuchen, um dort um ein gutes Gelingen des Unternehmens zu bitten. Der Gott Apollon rät ihm, Aphrodite mitzunehmen.


Bereits an dieser Stelle weist die Erzählung auf die eigentliche Adressatin des Kultes hin. Die den minoischen Kult bestimmende Göttin Ariadne wird hier mit ihrer griechischen Erscheinung, der Göttin Aphrodite, verbunden. Der Minotauros, dessen Gemüt es mit Hilfe der Göttin zu besänftigen und auf Anraten durch Opfer zu mildern galt, war lediglich Adressat der Tributleistung.

Auch die Tötung des Minotauros, welche in der griechischen Erzählung in den Mittelpunkt gestellt und als Heldenleistung des Theseus hervorgehoben wird, war Inhalt des minoischen Rituals.

Nach einer Darstellung auf dem sog. Sarkophag von Hagia Tirada, auf welchen der Verfasser an anderer Stelle noch eingehen wird, wurde im Rahmen der Kulthandlungen, die dort augenscheinlich vor dem nachgeformten Symbol einer Sonnenfinsternis, der ´Labrys`, abgehalten wurden, ein Stier getötet. (Abb. 33) Durch die Tötung eines Stieres, so wird auch in der Forschung, jedoch in anderen Zusammenhängen, zu Recht vermutet, versuchte man auf symbolische Art und Weise die Elementargewalt des Stieres,[189] hier die des Minotauros in Gestalt des Mondschattens und die hiermit verbundene Möglichkeit eines Erdbebens und weiterer Heimsuchungen, zu überwinden. Wir haben bereits gehört, dass er allein durch das Stampfen seiner Hufe und Schütteln seines Kopfes in der Lage gewesen sein soll, ein Erdbeben herbeizuführen.

Die Kulthandlungen fanden der griechischen Erzählung nach in regelmäßigen Abständen statt. Nach erfolgter Opferleistung und vorgetragener Beschwörungsformeln, wurde die symbolische Nachbildung des Himmelsereignisses, die ´Labrys`, in die hinteren Bereiche der Kulthöhlen verbracht und der Zugang jeweils mit einer Mauer versperrt. Die Sage spricht insofern davon, dass der Minotauros in ein eigens für ihn angefertigtes Gefängnis weggesperrt worden sei.

Es ist weiterhin anzunehmen, dass in der griechischen Erzählung die symbolische Tötung des Ungeheuers innerhalb des minoischen Kultes in erster Linie zur Heroisierung des Theseus verwandt wurde.

Im Gegensatz zu den in größeren Abständen, aber regelmäßig wiederkehrenden Ritualhandlungen im minoischen Kult, wird durch die Tötung des Minotauros in der griechischen Erzählung einer weiteren Wiederholung von Tributleistungen ein Ende gesetzt. Die griechische Erzählung spricht vom Herannahen des Tages, an welchem die Gesandten des Königs Minos zum dritten Mal – und zwar in einem Zyklus von neun Jahren – den vereinbarten Tribut forderten, um den Zorn der Götter und den des Minos zu besänftigen

Ob den minoischen Kulthandlungen in Bezug auf eine Sonnenfinsternis jeweils Zyklen von neun Jahren zugrunde lagen, ist nicht auszumachen. Der Vielzahl der entdeckten Nachbildungen dieses Himmelsereignisses in den kretischen Kulthöhlen ist jedoch zu entnehmen, dass der Kult regelmäßig stattgefunden hat. Den minoischen Urhebern und den Schöpfern der griechischen Erzählung von Minos, Ariadne, Theseus und dem Minotauros, war bewusst, dass sich eine Sonnenfinsternis und das hiermit verbundene Auftauchen des Furcht erregenden Ungeheuers, wenn auch in unregelmäßigen, weit auseinander liegenden Abständen, aber dennoch regelmäßig wiederholen konnte. Der minoische Kult war demnach nicht auf eine endgültige Beseitigung des durch den Mondschatten symbolisierten Minotauros ausgelegt. Die Tötung des Stieres im Rahmen des minoischen Rituals diente lediglich der sinnbildlichen Vernichtung der durch ihn repräsentierten Gefahr eines Erdbebens und möglicher weiterer Widrigkeiten. Durch seine symbolische Tötung erhoffte man sich das zukünftige Ausbleiben des Himmelsereignisses.

Gleichwohl war die endgültige Beseitigung des Ungeheuers, in der griechischen Erzählung durch Theseus bewirkt, auch Ziel des minoischen Rituals. Diese Auffassung wird durch eine Vielzahl von Dolchen und Schwertern untermauert, die dem Symbol für eine Finsternis, der ´Labrys`, nach der Tötung des Stieres und vorgetragener Beschwörungen auf ihrem Weg in die unteren Bereiche der Kulthöhlen mitgegeben worden sind. Diese Waffen sind von Hogarth in unmittelbarer Nähe der zahlreichen Nachbildungen des Himmelsereignisses gefunden worden. Die dortigen Felsnischen, in welche die ´Labrys` überwiegend gestellt worden ist, waren von Stichwaffen gleichsam versperrt. Griff und Klingenspitze waren im Laufe der Zeit teilweise mit dem Fels verwachsen. Auf diese Weise sollte auch ein symbolisches Entweichen des durch die ´Labrys` verkörperten negativen Himmelsereignisses zumindest verhindert werden. Die symbolische Tötung des Stieres und die in den Höhlen zu den unteren Bereichen hin errichteten Mauern zeigen, dass auch nach Vorstellung der Minoer der Tod des Ungeheuers oder zumindest dessen endgültige Verbannung erwünscht war. Die Erfahrung lehrte jedoch, dass sich eine Sonnenfinsternis und damit die von den damaligen Menschen zumindest vorgestellte Gefahr eines möglichen, hiermit einhergehendes Erdbebens, bzw. Dürre und Seuchen in nicht vorhersehbaren Zeitabständen wiederholen konnten.

Im Gegensatz zu der griechischen Erzählung und der aktiven Hilfeleistung durch Ariadne (Istar, Aphrodite, Venus), hat sich die Hilfestellung der Göttin im minoischen Ritual mit der Übergabe von Licht und Faden erschöpft. Dieser Beitrag sollte das Leben des Priesterkönigs bei seinem Unternehmen, die ´Labrys` in die verwinkelten Gänge der Höhle zu bringen, schützen und seine Rückkehr gewährleisten. Eine endgültige Tötung des Ungeheuers, von welcher uns die griechische Erzählung berichtet, hat sich nach minoischer Vorstellung nicht ereignet. Mit einem erneuten Auftauchen des Ungeheuers war jederzeit zu rechnen, andernfalls die Wiederholung der Kulthandlungen in regelmäßigen

96

Zeitabständen unter Einbeziehung und zu Ehren der minoischen Göttin Ariadne zumindest nicht sinnvoll gewesen wären.

Eine durch eine Sonnenfinsternis und das Erscheinen des Mondschattens ausgelöste Bedrohung des Gemeinwesens konnte nach minoischer Vorstellung letztlich nur mit Hilfe der Göttin überwunden werden.

Ihre vornehmliche Bedeutung im Kult kommt auch in einer romanhaft klingenden Variante der griechischen Erzählung zum Ausdruck, die dem eigentlichen minoischen Ritual ziemlich nahe kommt. Hiernach will Minos den von seiner Frau Pasiphae geborenen Bastard nicht töten lassen, sondern schickt ihn in die Berge, damit er dort den Hirten zur Hand gehe. Zum Mann herangereift, will der Minotauros sich nicht fügen und auf Geheiß auch nicht vor Minos erscheinen. Er flüchtet in die Berge und verschanzt sich gegenüber den Boten des Königs in eine von ihm, dem Minotauros, angelegten Grube. Dorthin werden ihm Schafe und Ziegen aber auch Menschen, welche von Minos zum Tode verurteilt worden waren, hinabgeworfen. Auf diese Weise sollte auch der von Minos als Feind aufgegriffene Theseus umkommen. Dieser kann aber den Minotauros mit einem Schwert töten, das ihm Ariadne in die Grube hinabschickt und aus der Grube entkommen.[190]

Diese Variante der griechischen Erzählung weist zunächst auf den ursprünglichen Ort der kultischen Handlungen, nämlich auf die in den Bergen gelegenen Kultgrotten hin. Darüber hinaus wird die vom Verfasser geäußerte Vermutung unterstrichen, dass der Minotauros nach minoischer Vorstellung nicht zu beseitigen war, auch wenn Minos in dieser Abwandlung dessen Tötung in Erwägung gezogen hat. Auch in dieser Variante der Erzählung wird deutlich, dass, trotz der Beschwörungen durch den Priesterkönig, der durch den Mondschatten repräsentierte Minotauros, unberechenbar und ein endgültiges Ausbleiben einer Sonnenfinsternis ungewiss war. Die Umformung der Erzählung spricht insofern davon, dass der Minotauros sich nicht fügen und auch vor Minos nicht erscheinen will.

In Bezug auf die minoischen Ritualhandlungen ist dieser Sequenz der Erzählung zu entnehmen, dass eine Tötung des Ungeheuers im Rahmen der minoischen Ritualhandlungen wegen der Möglichkeit einer vorgestellten, willkürlichen und unberechenbaren Wiederkehr des verfinsterten Mondschattens nicht zwingend war und dessen Überwindung nur symbolisch in Form der Tötung des Stieres im Rahmen der Kulthandlungen erfolgte. Die Waffen, welche unmittelbar neben dem Abbild des Himmelsereignisses in den Höhlen abgelegt worden sind, deuten jedoch darauf hin, dass eine endgültige Tötung des Ungeheuers, beziehungsweise das endgültiges Ausbleiben einer Sonnenfinsternis auch von den Minoern mehr als erwünscht war.

Hinter dem Bild des Hinabwerfens von Ziegen, Schafen und zu bestrafender Menschen, verbergen sich die Opferleistungen, die im Rahmen des minoischen Kultes zur Abwehr der Bedrohung durch eine Sonnenfinsternis darzubringen waren.

In der griechischen Variante stattet die Göttin Theseus nicht mit Licht und Faden, sondern mit einem Schwert aus, das sie ihm in die Grube hinabschickt. Hierbei handelt es sich in der Realität vermutlich jeweils um die Schwerter, welche Hogarth neben den Symbolen für eine Sonnenfinsternis in den Felsnischen der Höhle von Psychro aufgefunden hat.

## 25. Der Gebrauch des Ritualsymbols im Kult

Zu klären bleibt, auf welche Weise die ´Labrys` und die sogenannten Sichelhörner im Kult eingesetzt worden sind.

Einige Bildnisse von Kultszenen, auf welchen ´Labrys` und Hörnerpaar erscheinen, zeigen einen Altar aus Quadersteinen, der mit einer Deckplatte abschließt. Auf der Deckplatte befindet sich ein Hörnerpaar, von welchem wir gesehen haben, dass es neben der ´Labrys` ein Teil des Gesamtbildnisses der von den Minoern nachgebildeten Himmelserscheinung anlässlich einer Sonnenfinsternis gewesen ist.

In der sogenannten Doppelaxtkapelle von Knossos wurden zwei Hörnerpaare auf einer Bank, an eine Wand angelehnt, gefunden. ( Abb.26 ) Die Basis, die mit den Hörnerpaaren verbunden war, so nimmt die Forschung an, sei zum Zwecke der Befestigung eines weiteren Gegenstandes in der Mitte durchbohrt, das Bohrloch aber in diesem Falle zu klein gewesen, um den "Stiel der Doppellaxt", die an das Hörnerpaar angelehnt gewesen sei, in sich aufzunehmen.[191] Diesen Hinweisen nach ist das Symbol für eine Sonnenfinsternis und sein Gebrauch im Kult wie nachfolgend zu rekonstruieren:

Auf einer Grundplatte aus Holz oder Stein waren die bei einem Mondtransit beidseitig sichtbaren Sichelsegmente, von den Beobachtern als "Stierhörner" gedeutet, angebracht. In der Mitte befand sich ein Bohrloch, in welches das jeweils neu anzufertigende Symbol für eine Sonnenfinsternis, die ´Labrys`, während der Zeit der Ritualhandlungen eingebracht und befestigt worden ist. Nach Beendigung der vorgeschriebenen Bittgebete und Beschwörungen wurde die ´Labrys` dem Bohrloch ent-

nommen und in den hintersten, meist tiefer gelegenen
dunklen Teil der Höhle, verbracht. In der Höhle von
Psychro wurden Mauerreste gefunden, wonach anzunehmen ist, dass der innerste Teil der Höhle vom Kult-
bereich durch eine Mauer abgetrennt war. Die Kulthandlungen scheinen jeweils in den vorderen Bereichen
der kretischen Kulthöhlen vorgenommen worden zu
sein. Hogarth hatte in der Höhle von Psychro einen
Altar aus Steinen, sowie Stücke von Opfertischen nebst
Ascheresten entdeckt.[192] Darüber hinaus fanden sich in
diesem Bereich Scherben mit Fischen, Vögeln und
Pflanzen, sowie Scherben mit dem Zeichen der ´Labrys`
und mit Stierköpfen bemalt. Bereits siebzehn Jahre vor
der Erforschung der Höhle von Psychro durch Hogarth
fand ein deutscher Forscher namens Fabritius im vorderen Bereich einer weiteren Kulthöhle Reste von Hör-
nernachbildungen.[193] Diese Funde deuten ebenfalls auf
eine Vornahme der Kulthandlungen in den vorderen
Bereichen der Höhlen hin.

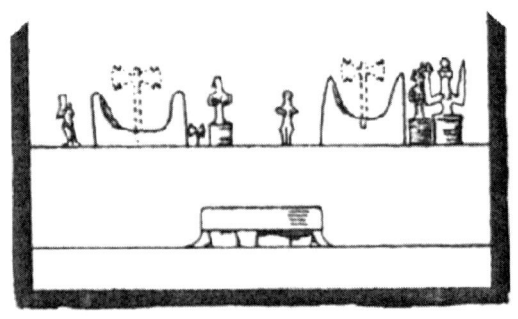

Abbildung 26: Sog.. Min. III-Kapelle im Palast von Knossos

100

## 26. Der "Zweig" der Ariadne

Da die moderne Forschung bislang nicht in der Lage war, die ´Labrys` in einen hierfür vorgesehenen Kontext zu stellen, so gelang es ihr erst recht nicht, die während des Rituals im Austausch für dieses Symbol vorgenommene Einstellung eines Zweiges in das Bohrloch zu erklären.[194]

Abweichend von dem oben rekonstruierten Bildnis für eine Sonnenfinsternis, sind auf einem in der Höhle von Psychro gefundenen Bronzetäfelchen neben den Symbolen für Sonne und Mond, dem Bildnis eines Vogels und eines Fisches, drei Hörnerpaare dargestellt. In deren Mitte, vermutlich da, wo sich das Bohrloch befindet, sind jeweils Zweige eingefügt. (Abb.27) Es hat den Anschein, dass diese Zweige dem auf der Grundlinie befindlichen Baum entnommen worden sind.

Derartige Konstruktionen sind auf vielen Denkmälern minoischer Zeit bezeugt und werden von der Forschung mit einem Baumkult in Verbindung gebracht.[195] Ohne Rücksicht auf irgendeinen Kontext und ohne jegliche Zuordnung geht die Forschung davon aus, dass die kultische Bedeutung der Bäume in der "in ihnen wohnenden Kraft" liege, die von den damaligen Menschen verehrt worden sei.[196]

Eine solche Betrachtung lässt jedoch außer Acht, dass die Tochter des Mondgottes, Ariadne, (Istar, Aphrodite, Venus), im Rahmen ihrer astralen Erscheinungsform ebenfalls wegen ihrer Fruchtbarkeit bringenden Kraft verehrt worden ist und der Baum, der Fruchtbarkeit und Wachstum symbolisiert, unter dieser Verehrungsform der Göttin eine besondere Bedeutung besaß.[197] Vereinzelt ist in einem anderen Zusammenhang vorgetragen worden, dass die Göttin des Baumkultes mitunter Ariadne genannt worden sei.[198] Dieser Hinweis wurde von der minoischen Forschung nicht aufgegriffen. Vielmehr wird hier unzutreffend angenommen, dass die religiösen Vorstellungen der kretischen Bevölkerung in immer neueren Varianten von weiblichen, mütterlichen Zügen durchdrungen gewesen seien, einem Prinzip, welches von der "Großen Erdmutter" repräsentiert werde. Der Begriff "Erde" sei hierbei mit einem mütterlichen Charakter belegt, so dass insbesondere in agraischen Bereichen das Moment der Fruchtbarkeit stets mütterliche Züge aufgewiesen habe.[199]

Diese Ansicht lässt unberücksichtigt, dass die Göttin des Baumkultes, welche mit Ariadne (Istar, Aphrodite, Venus) zu identifizieren ist, keinesfalls mit der "Mutter Erde", oder mit der sogenannten "Großen Mutter" zu verwechseln ist. Die Fruchtbarkeit, welche die Göttin des Baumkultes zu geben vermag, bezieht sich auf eine der sexuelle Liebe entspringenden und auf diese ausgerichtete Fruchtbarkeit, wie sie die semitische Göttin Astarte und die mit dieser Göttin zu identifizierenden Gottheiten Aphrodite, Venus und ebenfalls die in der griechischen Erzählung benannte Ariadne gewähren können.

Auf dem Bronzetäfelchen aus der Höhle von Psychro ist die Göttin selbst nicht abgebildet. Sie wird dort durch den zwischen den Hörnern abgebildeten Zweig repräsentiert. Auf einem der Zweige sitzt ein Vogel, der Attribut der Göttin ist und auf ihre Anwesenheit im Kult hinweisen soll (Abb. 27).

Ebenso wie das Bronzetäfelchen von Psychro, lässt auch ein Fund aus der Idäischen Höhle den Ort des Rituals im vorderen Bereich der kretischen Kulthöhlen vermuten. (Abb.28)

Abbildung 27: Bronzetäfelchen, Psychro

Abbildung 28: Kristal-Lentoid der Idäischen Grotte

Im Vordergrund des Bildnisses steht eine Frau, von der in der Forschung angenommen wird, dass sie eine Schneckentrompete bläst.[200] Links daneben befindet sich ein Baum, von dem wir gehört haben, dass dieser im Zusammenhang mit der Göttin des Fruchtbarkeits-kultes verehrt wird. Auf der rechten Seite des Bildes steht ein Altar, auf welchem ein mit einer Basis verschmolzenes Hörnerpaar zu sehen ist. Der Stern rechts neben dem Altar, ein Hinweis auf Ariadne (Istar, Aphrodite, Venus), hebt die Anwesenheit der Göttin während des Rituals hervor. Der Gegenstand auf der linken Seite des Altares ist vermutlich als ´Labrys` anzusehen, ein Bildhinweis, der auf dem Bronzetäfelchen aus der Höhle von Psychro durch die Symbole von Sonne und Mond ausgewiesen ist.

Die Darstellungen auf Bronzetäfelchen und dem Kristall-Lentoid geben ein lebendiges Bild des minoischen Kultes in Bezug auf die Abwehr der Bedrohung durch eine Sonnenfinsternis wieder. Diese Kulthandlungen haben jedoch mit einer Besänftigung, einer nicht näher bestimmten, mütterliche Züge aufweisenden "Erdbebengottheit", wie in der Forschung teilweise angenommen wird,[201] nichts zu tun.

Zuzugestehen ist hier jedoch, dass der vom Verfasser besonders verehrte minoische Forscher Fritz Schachermeyr zumindest einem der Gründe für die Vornahme des minoischen Rituals, nämlich der Abwehr negativer Folgen einer Sonnenfinsternis, unter anderem eines Erdbebens, sehr nahe gekommen ist, ohne den wirklichen astralen Hintergrund, der sich in der Anfertigung des Ritualsymbols manifestiert hat, zu erkennen.

## 27. Opferkanne und Kultknoten

Ebenso wie der Zweig wurden von den Minoern, nach der Überwindung der mit dem Tod verbundenen Gefahr einer Sonnenfinsternis, zwei weitere Bildformeln genutzt, welche die göttliche Kraft der Ariadne, Leben zu erhalten und zu gewähren, aufzeigen sollten. Diesen Gedanken aufgreifend ist zwischen die Kulthörner eine

Opferkanne gestellt worden, welche mit dem Wasser des Lebens angefüllt war (Abb. 29).

Gleiches gilt für den sogenannten Kultknoten (Abb. 30), dessen kultische Bedeutung nicht erkannt und sogar teilweise bestritten wurde.[202] Soweit von Opferkanne und Kultknoten behauptet wird, sie hätten ganz allgemein der "Heiligung" gedient,[203] so ist übersehen worden, dass die sogenannte Libationskanne bei der Spende von Lebenswasser zum Einsatz gekommen ist, ein Ritual, das auch heute noch im Rahmen eines christlichen Begräbnisses zur Anwendung gelangt.

Die Form des Kultknotens ist dem ägyptischen "Ankh-Zeichen" nachgebildet (Abb. 31),[204] ein Zeichen, welches ebenfalls als Symbol für Leben im Zusammenhang mit ägyptischen Jenseitsvorstellungen angesehen wird.[205] Teilweise ist der Kultknoten mit dem Symbol für eine möglicherweise den Tod bringende Sonnenfinsternis, der ´Labrys`, kombiniert worden. (Abb. 31) Diese Kombination aus späterer Zeit macht deutlich, dass man augenscheinlich das Symbol für Leben, hinter dem die göttliche Kraft, Leben zu gewähren, gestanden hat, mit dem kultischen Gegenstand und Symbol für Tod, Krieg, Seuche und Erdbeben verband, eine Kombination, welche die Überwindung derartiger Gefahren oder ganz allgemein die Schutzfunktion der Göttin anlässlich einer solchen Gefahr unterstreichen sollte.

Anzunehmen ist jedoch, dass die einwandernden Griechen Bedeutung und Hintergrund dieser Sinnbilder nur noch abgeschwächt wahrgenommen haben und deren Inhalte außerhalb des Staatskultes in das Konzept der privaten Frömmigkeit nicht eingeflossen sind.

Opferkanne und Kultknoten waren demnach, ebenso wie der Zweig vom Baume der Göttin, ein Zeichen für die überwundene Gefahr, die von dem Ereignis einer

Abbildung 29: Opferkanne zwischen "heiligen Hörnern"

Abbildung 30: Kultknoten aus Fayence

106

Abbildung 31: Kultknoten mit Doppeläxten

Sonnenfinsternis hätte ausgehen können.

Ebenso wie der Minotauros in ein eigens angefertigtes dunkles Gehege weggesperrt worden ist, wurden die mit einer Sonnenfinsternis und dem Minotauros zu identifizierenden Symbole für das gefürchtete Himmelsereignis dem Bohrloch zwischen den beiden "Sichelhörnern" entnommen und sozusagen in den dunkelsten Bereich der Kulthöhle verbannt, wo sie von Hogarth und seinen Leuten in großer Anzahl entdeckt worden sind.

Nach der Vorstellung der Minoer sollte das möglicherweise Schaden mit sich bringende Ereignis ein für allemal aus dem Leben der Gemeinschaft entfernt werden. Der Verbannungsort, dem Gefängnis des Minotauros in der griechischen Geschichte gleich, wurde, wie durch das Auffinden von Mauerresten belegt, zugemauert und wohl nur zu den Niederlegungen weiterer Symbole im Rahmen regelmäßig wiederkehrender Kultveranstaltungen geöffnet.

In das nunmehr leere Bohrloch zwischen den beiden Sichelhörnern wurde nach Entfernen der ´Labrys` entweder ein Zweig vom Baume der Göttin Ariadne (Istar,Aphrodite,Venus), oder eine Libationskanne gestellt. Zweig, Kanne und auch der Knoten, Gegenstän-

107

de, welche die besondere Kraft der Göttin, Leben zu gewähren, versinnbildlichen, erinnern daran, dass die Göttin es ist, die dabei geholfen hat, das Ungeheuer zumindest für eine gewisse Zeit wegzuschließen. Zweig und Libationskanne inmitten der "Sichelhörner", sowie der gelegentlich mit der ´Labrys` verbundene Kultknoten, sind gleichsam als Bildformel und ständiges Symbol für die Errettung des Gemeinwesens vor einer möglichen Heimsuchung im Rahmen einer Sonnenfinsternis anzusehen.

## 28. Der "Delische Tanz"

Der Legende nach soll die glückliche Rückkehr des Theseus und seiner Gefährten auf der Insel Delos mit einem Reigentanz um einen Hörneraltar herum gefeiert worden sein.[206] Vermutlich war dieser Tanz Ausdruck der Freude über die Rettung und gleichzeitig Dankesbezeugung an die Göttin. Er ist ebenso Bestandteil des minoischen Rituals gewesen und deshalb im Mythos eigens erwähnt.

In der Forschung wird der "Delische Tanz", ohne Kenntnis von der Beziehung der griechischen Erzählung zum minoischen Ritual und hiervon gänzlich losgelöst, mit einem Tanz zu Ehren der Aphrodite verbunden, welche auf Delos eine höhere Form der Ariadne gewesen sein soll.[207] Ebenso wird dort vermutet, dass es auf Zypern eine Aphrodite Ἀριάδνε (Ariadne, d.Verf.) gegeben habe, die verschiedentlich mit Aphrodite gleichgesetzt worden sei.[208]

In der Wissenschaft ist die wirkliche Identität beider Göttinnen nicht erkannt worden. Die griechische Erzählung von Minos, Ariadne, Theseus und dem Minotauros macht deutlich, dass deren Schöpfer sich diesbezüglich nahe an den minoischen Ritus angelehnt und von einer Identität beider Göttinnen ausgegangen sind. Sie haben vermutlich wegen ihrer griechischen Zuhörerschaft der dort bekannteren Aphrodite gegenüber der minoischen Ariadne lediglich den Vorzug geben wollen. Diese Vorstellung wird durch die eigentlich nicht zum Gefüge der griechischen Erzählung passenden Aufforderung des Gottes Apollon unterstützt, Theseus solle zu seiner Unternehmung Aphrodite mitnehmen.

Der um 45 n.Ch. geborene griechische Schriftsteller Plutarch, der sein Wissen auch nur aus älteren Quellen schöpfte, nennt den Tanz, den die Geretteten um einen Hörneraltar aufgeführt haben sollen, γέρανος ( Geranos, d. Verf. = Kranichtanz ).[209]

Waren bisher die Worte Plutarchs, was den Hörneraltar anbelangt, nicht recht verständlich, so ist unter Einbeziehung der Bildnisse aus den Kulthöhlen von Psychro und der idäischen Höhle nicht mehr zu bezweifeln, dass es sich bei dem Hörneraltar um einen Teil des für den minoischen Kult zur Abwehr der vorgestellten negativen Folgen einer Sonnenfinsternis angefertigten Kultsymbols gehandelt hat.

Wir haben gehört, dass die ´Labrys` während der vom Priester vorgenommenen Beschwörungen in ein vorgefertigtes Bohrloch zwischen die beiden Sichelhörner gesteckt worden ist. Sie wurde danach dem Bohrloch entnommen und in den tiefer gelegenen Teil der Höhle verbracht. Wir haben weiter gehört, dass anschließend als Ausdruck des Dankes und der Verehrung in das Bohrloch ein Zweig eines der Göttin geweihten Baumes oder ein Libationsgefäß gestellt worden ist. Der Zweig war im eigentlichen Sinne Ausdruck der göttlichen Macht, einer Macht, die es vermochte, allen Geschöpfen und der Natur selbst Fruchtbarkeit zu verleihen und symbolisierte gleichzeitig die Kraft der Göttin, negative Auswirkungen der Sonnenfinsternis und damit Tod und Verderben vom Gemeinwesen fernzuhalten.

Um einen mit diesen Symbolen ausgestatteten Hörneraltar tanzten Theseus und seine vor dem Tod geretteten Gefährten den Kranichtanz. Plutarch, auf ältere Quellen angewiesen, war weder mit dem der griechischen Erzählung zugrunde liegenden minoischen Ritus, noch mit der Art der hierfür verwendeten Kultgegenstände vertraut, so dass er über Einzelheiten nicht berichten konnte.

Der Kranichtanz wurde in der Dunkelheit ausgeführt. Auf der Insel Delos aufgefundene Materialabrechnungen erwähnen Seile und Lichter, die bei den Tänzen des Aphroditefestes benutzt wurden.[210] Der Gebrauch der Seile deutet auf einen Bändertanz hin, wie er auch heute noch in mehreren südlichen Ländern getanzt wird und in der Vergangenheit vornehmlich zu kultischen Zwecken eingesetzt worden ist.

Eine Tanzaufführung zu Ehren der Aphrodite in der Nacht und der dadurch notwendige Gebrauch von Fackeln lässt eine Nachzeichnung des minoischen Ritualablaufes anlässlich einer Sonnenfinsternis mit den Mitteln des Tanzes vermuten. Die minoischen Ritualhandlungen in den Höhlen wurden ebenfalls in der Dunkelheit bei Fackelschein ausgeführt.

Der Ritualtanz, der um den Hörneraltar herum wohl außerhalb der Höhle stattgefunden hat, wird in der griechischen Erzählung auf die Insel Delos verlegt, da Theseus und seine Gefährten auf Kreta um ihr Leben hätten fürchten müssen. Die meist farbigen Bänder oder Seile, die an einer drehbaren Scheibe am oberen Ende der Bänderstange befestigt waren, wurden von den Tanzenden ergriffen und während der Umkreisung des "Hörneraltares" in die Tanzfiguren mit einbezogen. Die Tanzfigur der Anfangsformation ähnelt ihrer Form nach einem Kranichflug, wobei der Vogel an der Spitze den Zug anführt.

Soweit in der Erzählung von einem schwarzen Segel die Rede ist, das Theseus bei seiner Rückkehr auszutauschen vergaß und hierdurch ungewollt den Tod seines Vaters veranlasste, so greift die Erzählung an dieser Stelle das Ereignis einer Sonnenfinsternis nochmals auf. Befreit man den Bericht von seiner vordergründigen Dramatik, so weist diese Sequenz darauf hin, dass eigentlich keine Veranlassung dazu bestanden hat, ein weißes Segel aufzuziehen. Auch nach erfolgreicher Vernichtung des Minotauros, die nur in der griechischen Erzählung besonders hervorgehoben wird, war ein endgültiger Sieg über die mit Furcht besetzte Finsternis in Gestalt des Mondschattens nicht zu erlangen, da der Erfahrung nach mit einer weiteren Finsternis gerechnet werden musste.

## 29. Kult und Kultorte in Zeiten griechischer Herrschaft

Ging die kultische Verehrung in Höhlen und Grotten noch auf echt minoische Zeiten zurück, so blieb die Kontinuität der Kulträume, was deren Atmosphäre und den Typus der kultischen Einrichtung anbelangt, im Wesentlichen auch nach der griechischen Einwanderung noch spürbar und ersichtlich.[211]
Bereits einige Zeit vorher hatten sich die Kulthandlungen im Rahmen der Abwehr der möglichen negativen Folgen einer Sonnenfinsternis aus den Höhlenheiligtü-

mern heraus in die unmittelbare Nähe der Ansiedlungen und Paläste verlagert. Kulte und deren Ritualhandlungen wurden jetzt auf Palasthöfen, bzw. in den im Innern der Paläste eigens hergerichteten Kulträumen vorgenommen. Die einwandernden Griechen standen den alt hergebrachten minoischen Religionsvorstellungen zunächst zurückhaltend gegenüber. Aber auch wenn sie die Elemente der minoischen Staatskulte mit eigenen mitgebrachten Vorstellungen anreicherten oder vermischten und die mit den Kulten verbundenen minoischen Legenden mehr als Mythos, denn als Glaubensinhalt übernahmen[212], so blieben auch in dieser Zeit die ursprünglichen minoischen Glaubensvorstellungen bei Anlage und Ausstattung der Kulträume erkennbar.[213]

Ebenso verhält es sich mit den Kulthandlungen selbst. Auch diese waren mit den Handlungsweisen in  e c h t  minoischen Zeiten (vor der griechischen Einwanderung) zumindest in ihrem Wesenskern identisch, wenn auch die den Kultformen zugrunde liegenden Inhalte im Einzelnen von den Einwanderern nicht mehr erkannt worden sind.

Ein aus der Spätzeit stammender Sarkophag aus dem Palastbezirk von Hagia Triada, dessen Bildnisse, wie die Forschung einräumt, bis heute nicht gedeutet werden können, weist bereits aus künstlerischer Sicht auf eine späte Phase seiner Anfertigung hin. Diese Phase ist durch die eingewanderten Griechen wesentlich beeinflusst und gemessen an weiteren Kunstwerken aus dieser Zeit von deutlichen Erscheinungen des Verfalls und dem Niedergang der Inhalte minoischer Religionsvorstellungen geprägt.[214] Eine eingehende Befassung mit den Bildfolgen des Sarkophages, die nicht eine zusammenhängende Handlung, sondern Elemente verschiedener Rituale anlässlich der Berührung mit dem Tod wiedergeben, soll dem in Kürze erscheinenden zweiten Band des Verfassers über die minoischen Religionsvorstellungen vorbehalten sein.

Soweit die Bemalung des Sarkophages jedoch über das Ritual anlässlich einer Sonnenfinsternis Auskunft gibt und auf die Verlagerung der Kultorte in späterer Zeit hinweist, so soll der Inhalt der künstlerischen Ausstattung bereits an dieser Stelle behandelt werden.

Der Sarkophag aus Hagia Triada verdeutlicht auf einer seiner beiden Längsseiten, die jeweils mit verschiedenen Ritualfolgen versehen sind, wie sehr die Minoer mögliche zerstörerische Auswirkungen einer Sonnenfinsternis, die sowohl ihr eigenes Leben als auch den Bestand des Gemeinwohls bedrohen konnten, fürchteten. Bereits der auf dem Symbol für eine solche Finsternis befindliche Rabenvogel[215] wird auch heute noch mit dem Tod in Verbindung gebracht und deutet auf ein den Tod auslösendes Ereignis hin, welchem nur durch Beschwörungen, Gebete und Opfergaben, wie auf dem Bildnis des Sarkophages ersichtlich, begegnet werden konnte.


Auch im Rahmen der Ritualhandlungen in den vorderen Bereichen der Kulthöhlen wurden auf einem Altar vor dem Symbol für eine Sonnenfinsternis, der ´Labrys`, Opferhandlungen und Beschwörungen vorgenommen, in deren Rahmen die Göttin Ariadne um Hilfe und Beistand gebeten wurde. Nach folgenlos überstandenem Mondtransit und der hiermit verbundenen Bewahrung vor dem Tode, wurde das Symbol für die Finsternis mit einem Zweig ausgestattet, der die Kraft der Göttin symbolisierte, Leben zu gewähren und zu erhalten. In den Eingangsbereichen der ehemaligen Kulthöhlen wurden von den Ausgräbern neben allerlei Gefäßscherben Reste von Altären und Teile von Stierhörnern entdeckt, Elemente, die, wie auf dem Sarkophag von Hagia Triada ausgewiesen, auf Stieropfer im Rahmen des Rituals anlässlich einer Sonnenfinsternis schließen lassen.

Ein solches Stieropfer macht Sinn, wenn man, wie der Verfasser dargelegt hat, den Stier als Sinnbild einer ungezügelten, feindlichen Kraft ansieht. Die zerstörerischen Kräfte des mit dem Mondschatten zu identifizierenden Minotauros, der, wie wir bereits gehört haben, durch sein bloßes Schnaufen ein Erdbeben herbeizuführen in der Lage gewesen sein soll, galt es symbolisch durch die tatsächlich vorgenommene Tötung des Stieres zu überwinden. Dass es sich um ein solches Blutopfer gehandelt hat, von welchem auch der das Ritual begleitende Mythos erzählt, zeigt die auf dem Sarkophag abgebildete Szene eindringlich. (Abb.32) Der auf einer Trage befindliche Stier ist tot und das aus dem Hals des Tieres austretende Blut wird von einem unter der Trage befindlichen Gefäß aufgefangen (Abb.33).

Soweit in der Forschung angenommen wird, hierbei handele es sich um ein Blutopfer, welches einem Verstorbenen dargebracht werde[216], oder sogar um die Opferung von Stierblut, "um die Lebenskräfte des Dahingeschiedenen neu zu erwecken"[217], so kann diesen Deutungen aufgrund der eindeutigen Symbolik dieser Szene und der vom Verfasser ermittelten Hintergründe des Kultes nicht gefolgt werden.

Über diese Opferszene hinaus kommt diesem Bildausschnitt des Sarkophages besondere Bedeutung für den Nachweis der Verlagerung der Kultplätze zu.

Opferaltar und das dahinter befindliche Symbol für eine Sonnenfinsternis befinden sich vor einem Gebäude, welches von seiner Ornamentierung her im Wesentlichen der Ornamentierung des Altares ähnlich ist. Der in einem das Dach des Gebäudes umgebenden Ring von

"Sichelhornsymbolen" angebrachte Zweig, weist dieses als Verehrungszentrum der Göttin Ariadne, ( Istar, Aphrodite, Venus ) aus. Die Opferungsszene findet augenscheinlich auf einem Palasthof im Freien statt.

Der bereits verstorbene Professor für Geologie und Paläontologie, Dr. Hans Georg Wunderlich hat entgegen der Auffassung in der minoischen Forschung und insbesondere entgegen der Ansicht des englischen Ausgräbers A. Evans, in dem sogenannten Palast von Knossos nicht den Wohnpalast des sagenhaften Königs Minos erkannt, sondern hat diesen, wie andere Paläste seiner Art, im Rahmen einer umfangreichen Beweiswürdigung als Totenpalast bezeichnet und einem "allumfassenden Jenseitskult" zugeschrieben.[218]

Die Thesen Wunderlichs vermögen aufgrund der vom Verfasser ermittelten Geschehnisse, zumindest im Ergebnis, nicht zu überzeugen. Wunderlichs Zweifel an einer Wohnstätte des Minos wurden durch den bedeutenden Kulturphilosophen der ersten Hälfte des 20. Jahrhunderts, Oswald Spengler, genährt, der sich im Jahre 1935 auch mit dem Problem der Deutung der kretischen Grabungen befasst hat. Der von A. Evans ausgemachte, sogenannte Königsthron innerhalb des Palastes von Knossos (Abb.34), der sich nach Ansicht Spenglers bereits wegen seiner Größe und der Anlage des Raumes eher für ein Kultbild geeignet habe, veranlasste ihn zu der Frage, ob die Paläste von Knossos oder Pheistos Totentempel und damit Heiligtümer eines gewaltigen Jenseitskultes waren.[219] Spengler räumt jedoch ein: "Ich will nichts behaupten, denn ich kann es nicht beweisen, aber die Frage erscheint mir ernsthafter Betrachtung wert."[220]

Spenglers Anregung, die ebenso wie die Beweiswürdigung Wunderlichs zwar in der Tendenz, nicht aber hin-

sichtlich des vermuteten Ergebnisses der Wirklichkeit
nahe kommt, hätte bereits im Zeitpunkt ihrer Veröffentlichung die Aufmerksamkeit der Forschung verdient.
Einer Befassung hiermit stand möglicherweise eine ge-
festigte Sichtweise hinsichtlich der Bewertung eigener
Grabungsergebnisse entgegen.
Einige Zeitgenossen Wunderlichs verlegten sich darauf,
diesen nach Veröffentlichung seiner Thesen aufs Übels-
te zu beschimpfen.[221] Im Mutterland des englischen
Ausgräbers A. Evans wurde Wunderlich sogar als Trä-
ger eines Namens ausgemacht, der hinsichtlich seiner
geäußerten Ansichten "Programm" sei und welcher
gleichsam dessen Ergebnisse in Bezug auf den Palast-
komplex von Knossos charakterisiere.[222]

Abbildung 32: Sarkophag von Hagia Triada, Längsseite ohne Ergänzung

116

Abbildung 33: Umzeichnung der Längsseite ohne Ergänzung

Abbildung 34: Thronsaal von Knossos (S.Min II)

Der Umstand, dass die Kultplätze den sogenannten Palästen angegliedert worden sind und weitere Indizien möglicherweise an dieser Stelle einen Jenseitskult vermuten lassen, lässt auch nach Ansicht des Verfassers keineswegs den Schluss zu, dass es sich hierbei um geheiligte Bezirke unter Ausschluss eines Herrschersitzes gehandelt hat.[223] Bereits die priesterliche Funktion des jeweiligen Dynasten könnte eine Angliederung seiner Wohnräume innerhalb eines weitreichenden Verehrungsbezirkes bewirkt haben.[224] In diesem Zusammenhang wird zu Recht darauf hingewiesen, dass die griechische Einwanderung in späterer Zeit für die teilweise Auflösung religiöser, minoischer Strukturen verantwortlich gewesen ist und die Grenzen zwischen kultischen Ausgestaltungen und profanen Bereichen innerhalb der Paläste verwischt waren.[225]

Dass die sogenannten Paläste und ebenso der Palast von Knossos zumindest in der Spätzeit unter anderem große Verehrungszentren gewesen sind, darauf verweist die Opferungsszene auf dem Sarkophag von Hagia Triada im Zusammenhang mit dem im Gebäudekomplex von Knossos aufgefundenen Kultraum, der sogenannten "Doppelaxtkapelle". (Abb. 26) Bei diesem Kultraum handelt es sich möglicherweise um einen Raum, der dem vormaligen Höhlenheiligtum von seinem Wesen her nachgebildet worden ist. In einem modernen Reisebericht heißt es: „Manche Räume sind so sehr im Inneren des Baukomplexes eingeschachtelt, dass sie nicht einmal an eine Außenmauer grenzen, in dessen Innern man sich demnach fühlen musste wie in einer Höhle."[226] Die Ausstattung der "Doppelaxtkapelle", sowie deren räumliche Lage, lässt vermuten, dass die ´Labrys` nach den Ritualhandlungen auf dem Palasthof, ebenso wie ehemals, als diese Verrichtungen noch in den Kulthöhlen vorgenommen wurden, in tiefer gelegene, dunkle Bereiche der im Palast gelegenen Kulträume verbracht wurde. Ebensolche Kulträume befinden sich in den sogenannten Palästen von Pheistos und Mallia.[227]

In der Doppelaxtkapelle von Knossos fand man neben den beiden Symbolen für eine Sonnenfinsternis auch Statuetten, von denen angenommen wird, dass es sich

hierbei um Göttinnen und/oder Priester, bzw. um An-
beterfiguren im Allgemeinen gehandelt habe.[228] Bereits
der Gestus der Statuetten zeigt, dass hier keine gewöhn-
liche Anbetung oder Verehrung vorgelegen hat. (Abb.
36) Von Wunderlich wurde, ohne Kenntnis der vom
Verfasser aufgezeigten wirklichen Hintergründe, zu
Recht angenommen, dass sich die Figur gleichsam als
"verkörperte Beschwörung" darstelle.[229]
Eine solche Sichtweise macht bereits aufgrund der Nähe
zu den ebenfalls im Kultraum vorgefundenen Symbolen
für eine Sonnenfinsternis, die ´Labrys`, Sinn. Soweit
diese sogenannten Beterfiguren mit den Attributen der
Göttin ausgestattet sind (Abb. 35), so können diese
figürlichen Nachbildungen bereits aufgrund dieses Um-
standes mit der von den Minoern um Beistand angeru-
fenen Göttin Ariadne (Istar, Aphrodite, Venus) identifiziert werden. Deren Aufgabe war es, das Gemeinwesen
vor der Unheil auslösenden Sonnenfinsternis und den
mit dieser Finsternis einhergehenden und diese als solche repräsentierenden Mondschatten, den Minotauros,
zu bewahren. Der Gestus der Göttin, nämlich die mit
beschwörender Eindringlichkeit in die Höhe gestreckten
Hände, unterstreicht die wegen damaliger Unkenntnis
der Himmelsabläufe nachvollziehbare Furcht der Minoer vor einer Sonnenfinsternis. Ebenso wie im altorientalischen Bereich verband man auf Kreta mit einer solchen Finsternis die Vorstellung vom Tod des Herrschers, sowie den Tod seiner Untertanen durch Seuchen, Krieg und Erdbeben und damit die Vorstellung
von einer Auslöschung des Gemeinwesens in seiner
Gesamtheit. All dieses galt es im Rahmen eines Staatskultes abzuwehren, der sich in späterer Zeit von den
Kulthöhlen weg in ein ebenfalls einem Staatskult die-
nendes Verehrungszentrum verlagert hatte.

Abbildung 35: Statuetten aus Gazi und Karphi

Abbildung 36: Statuette aus dem Heiligtum der Doppeläxte, Knossos

## 30. Bildliche Zeugnisse minoischer Gestirnsverehrung

Auch wenn Bilder ohne textliche Erläuterung in der Regel nur eine trübe Erkenntnisquelle für die Erforschung der Religion eines Volkes sein können, so trifft dies für die minoische Religion nicht zu. Die bildlichen Darstellungen, soweit sie für die Ritualhandlungen anlässlich einer Sonnenfinsternis angefertigt worden sind, spiegeln das astrale Wesen der Göttin Ariadne (Istar, Aphrodite, Venus) wieder. Die bisherige Auffassung in der modernen Forschung, für einen Kult der Himmelskörper ergebe sich kein ausreichendes Zeugnis, kann keinen Bestand haben. Die minoische Religion stützt sich, ebenso wie die religiösen Vorstellungen im altorientalischen Raum, auf ein astrales Konzept. Bereits den bildlichen Darstellungen ist zu entnehmen, dass eine Gestirnsverehrung auch auf der Insel Kreta stattgefunden hat.

Wir haben gesehen, dass sich auf einem Bronzeplättchen aus der Höhle von Psychro eine Sonnenscheibe und eine in die Horizontale gedrehte Sichel gegenüberstehen. (Abb.27) Der Kontext des Plättchens deutet auf ein Ereignis am Himmel, nämlich auf eine Sonnenfinsternis. Auf einem Flachzylinder aus Knossos ist die 'Labrys`, umrahmt von den Hörnern eines Stierschädels, dargestellt. (Abb.20) Dieses Bildnis erfasst die ganze Bandbreite einer Sonnenfinsternis, nämlich die Sichelbildung durch den Mondschatten zu Anfang und gegen Ende der Bedeckung der Sonne. Der Mondtransit selbst wird in seinen einzelnen Phasen durch die geometrische Konstruktion der 'Labrys` symbolisiert. Der mit Hörnern versehene Stierschädel auf dem Flachzylinder ist gleichsam das Ergebnis dessen, was die damaligen irdischen Beobachter sich bei Auftreten der Finsternis vorgestellt haben, nämlich den Minotauros , mit den zerstörerischen Kräften eines wilden Stieres ausgestattet. Auch die Gemme aus der Idäischen Höhle unterstreicht das astrale Konzept der minoischen Religionsvorstellungen. (Abb.28) Neben dem Bildnis eines sogenannten Hörneraltares befindet sich im unteren rechten Teil des Bildes der Venusstern. Der Stern weist auf die Gegenwart der Göttin während der Ritualhandlung hin.

Darüber hinaus ist eine Gussform aus der Höhle von Palaikastro augenscheinlich mit einem Astralkult zu verbinden. (Abb.37) Bereits die im Verhältnis zum Gesamtbildnis überdimensionale Sonnenscheibe, deren Strahlen hinter der ornamental gestalteten Scheibe hervorschauen, weist auf einen astralen Hintergrund hin. Der äußere Bereich dieser Scheibe ist mit Doppelringen versehen, deren Zwischenraum mit kleinen Punkten bedeckt ist. Diese Punkte in den Außenringen der großen Sonnenscheibe finden sich in einer kleinen Scheibe am unteren linken Bildrand wieder, welche von zwei Punktreihen umgeben ist. Ebenso wie auf der großen Scheibe ist in der Mitte ein Kreuz zu finden. Beide Punktkreise der kleinen Scheibe schließen eine schmale Sichel in horizontaler Lage ein. Eine zwischen den Scheiben befindliche Göttin hält in beiden Händen einen Gegenstand, von welchem nicht eindeutig auszumachen ist, ob es sich hierbei, wie in der Forschung angenommen, um Blumen[230] oder, wie der Verfasser meint, um das Symbol für eine Sonnenfinsternis, die ´Labrys`, handelt. Diese göttliche Gestalt gleicht einer Frau auf einer weiteren Gussform aus der Höhle von Palaikastro. Hier trägt die Göttin auf ihrem Kopf eine

Strahlenkrone, wobei es sich vermutlich um die leuchtende Strahlenkrone der Ariadne handelt. Noch deutlicher als bei ihrem Äquivalent auf dem zuvor besprochenen Bildnis ist hier die ´Labrys` in der Hand der Göttin zu erkennen (Abb. 38). Die große Scheibe auf der Gussform aus Palaikastro ist von Evans, weil unübersehbar, zu Recht als Sonnenscheibe gedeutet worden, wenn ihm auch der Sinn der ornamentalen Bedeckung der Scheibe, der doppelte Außenring und das Erscheinen der Sichel auf der kleinen Sonnenscheibe verborgen geblieben ist.

Abbildung 37: Frau mit Sonnenscheibe. Gussform aus der Höhle von Palaikastro

Abbildung 38: Frau, Doppelaxt emporhaltend, Gussform aus Palaikastro

## 31. Jesus Christus selbst gibt Anlass zu weiteren Nachforschungen

Der Verfasser ging an dieser Stelle zunächst davon aus, das hinter der Wortbezeichung ´Labrys` befindliche Symbol, nämlich das Zeichen für eine Sonnenfinsternis, zwar erkannt und dargestellt zu haben aber die Herkunft der Namensbezeichnung, von der Plutarch annahm, dass sie aus Lydien stamme, selbst und deren Bedeutung schuldig geblieben zu sein.

Da diesbezügliche Anhaltspunkte auch nicht ansatzweise ersichtlich waren, beabsichtigte der Verfasser, seine Arbeit nach Abgleich einiger Fußnoten, abzuschließen.

Hierbei stieß er in der Real- Encyclopädie der Classischen Altertumswissenschaft, ohne eigens danach gesucht zu haben, auf das lateinische Stichwort Labarum und dessen griechische Entsprechungen λάβαϱον, λάβωϱον, λάβουϱον.[231] Der Autor des Beitrages in der Real- Encyclopädie hat seine Ausführungen hinsichtlich der Beschreibung des hinter der Wortbezeichnung ´Labarum` befindlichen Gegenstandes mit einer überlieferten Legende eingeleitet, deren zentrales Geschehen Ursprung der Bezeichnung gewesen sein und gleichsam deren Inhalt geformt haben soll. Der Inhalt der Überlieferung, sowie die mögliche Bedeutung der Wortwurzel ´l a b` ließen den Verfasser aufhorchen.

## 32. Die constantinische Himmelserscheinung

Der Legende nach erschien dem oströmischen Kaiser Constantin im Jahre 312 n. Chr., als er sich bei seinem Marsch gegen seinen Widersacher Maxentius göttliche Hilfe erbat, ein Lichtkreuz am Himmel. In dieses Lichtkreuz waren die Worte:„Du wirst siegen!" eingeschrieben. In der Nacht soll Jesus Christus selbst dem Kaiser im Traum aufgetragen haben, das am Himmel wahrgenommene Zeichen nachzubilden und sich dieses Zeichens bei der bevorstehenden bewaffneten Auseinandersetzung mit den Truppen des Maxentius zu bedienen. Den göttlichen Rat befolgend, habe Constantin das "Christogramm", bestehend aus den ersten beiden Buchstaben des Namens Christi, X und P, ( griechisch: Chi und Rho) auf den Schilden seiner Soldaten anbringen lassen und sei aus der Schlacht als Sieger hervorgegangen.[232]

Der Verfasser erkannte sofort die Gemeinsamkeit mit den Ergebnissen seiner eigenen Nachforschungen, jedenfalls was die Grundstruktur der Geschichte anbelangt. Ebenso wie nach den altorientalischen Ritualvorschriften die Rekonstruktion der wahrgenommenen Erscheinungen in der Natur zum Gebrauch im Kult vorgeschrieben war, wurde hier dem Kaiser Constantin in der Legende, vermutlich mehr als zweitausend Jahre später, aufgetragen, ein am Himmel gesichtetes Ereignis nachzubilden und zur Gefahrenabwehr, nämlich zur Abwehr einer möglichen Niederlage in der bevorstehenden Schlacht, einzusetzen.

Gleich wie im minoischen Ritual das Symbol für eine Sonnenfinsternis, spiegelte das von Constantin angefertigte Zeichen ein "am Himmel wahrgenommenes Ereignis" wider. Die Gleichartigkeit der constantinischen Himmelserscheinung mit dem Ereignis einer Sonnenfinsternis ergibt sich nicht aus den vordergründigen Geschehnissen am Himmel, die offensichtlich miteinander nicht zu vergleichen sind, sondern wird durch einen gemeinsamen Gedanken hinter den Ereignissen bestimmt.

Hier wie dort, wurde die Nachbildung der Wahrnehmungen am Himmel von fremder Seite aufgetragen, um zum einen, unter Einsatz des Zeichens im Kult, einer Tötung des Königs und somit dem Niedergang des Gemeinwesens entgegenzutreten, und zum anderen, der constantinischen Legende nach, eine mögliche Niederlage in der Schlacht abzuwehren.

Dieses gemeinsame Band, welches beide Rituale miteinander verbindet, konnte von der Forschung bisher nicht ausgemacht werden, weil diese das hinter der Wortbezeichnung ´Labrys` befindliche und mittels eines Symbols nachgebildete Himmelsereignis bisher nicht erkannt hat.

Der Autor des Beitrages in der Real-Encyclopädie stellt lediglich fest, dass das von Constantin beobachtete Zeichen am Himmel von den Römern ´labarum` genannt und von den griechischen Berichterstattern mit λάβαρον, λάββωρον, λάβουρον (labaron, laboron labouron, d.Verf.) bezeichnet worden sei.[233] Darüber hinaus, so der Autor der Enzyklopädie weiter, erscheine das ´Labarum` stets als religiöses Symbol und es sei auch nicht unwahrscheinlich, dass altorientalische Feldzeichen oder Symbole in ihm nachwirkten.[234]

Für den Verfasser, der aufgrund der Ergebnisse seiner Arbeit einen Zusammenhang zwischen dem Inhalt der Legende, den überlieferten Wortbedeutungen für das von Constantin wahrgenommene Himmelsereignis und den diese Wortbedeutungen jeweils bildenden Stamm, lateinisch: lab-ar, griechisch: λάβ-ου (lab-ou, d. Verf.) vermutete, bot sich gleichsam die Gelegenheit, seine bisher vergebliche Suche nach einer hinter der Bezeichnung ´Labrys` befindlichen Bedeutung doch noch erfolgreich abzuschließen. Der Inhalt der lateinischen Bezeichnung ´Labarum` wird mittels des von Constantin am Himmel wahrgenommenen Ereignisses definiert. Bei der Nachbildung selbst soll es sich um einen mit Goldblech beschlagenen Schaft gehandelt haben, der in seinem oberen Teil nach Art des christlichen Kreuzes eine Querstange besaß. An der Spitze des Schaftes war ein mit Gold und Edelsteinen durchwobener Kranz mit dem Monogramm Jesu in der Form des XP angebracht.[235] Das in der griechischen Wiedergabe der Erzählung vom dortigen Autor genutzte Wort λάβουρ-ον (labour-on, d. Verf.), beschreibt, ebenso wie seine lateinische Entsprechung labarum[236], die vorstehend beschriebene, sogenannte Standarte des Constantin.[237]

Die Wortwurzel λάβουϱ (labour, d.Verf.) und weitere
Formen wie λαβ(υ)ϱατον[238] (labyraton, d.Verf.), deuteten
auf einen möglichen Zusammenhang mit dem griechischen Wort λαβύϱινθος (Labyrinthos, d.Verf.) hin, einer
Bezeichnung, bei welchem auch die moderne Forschung
eine mögliche Verbindung mit dem Begriff ´Labrys`
vermutet, so dass der Verfasser sich mit diesem Wissen
nochmals gezielt dem altorientalischen Sprachraum
zuwandte.

### 33. Die Herkunft des griechischen Lehnwortes ´Labrys`

Mittels des Akkadischen Handwörterbuches W. von
Sodens, wurde der Verfasser auf die Wortbezeichnung
´Lab-unu` aufmerksam.[239]
Das Handwörterbuch führt hierzu aus:„Labunu (nicht
zu Labanu II ?) ein Emblem ? m.A.“[240] Der Autor dieses
Eintrages, hiervon ist wegen des Gebrauches des Fra-
gezeichens auszugehen, hat, ebenso wie Ernst Weidner,
der Bearbeiter des aus mittelassyrischer Zeit stammen-
den Quellentextes, hinter der Bezeichnung ´Labunu` ein
Emblem vermutet aber eine Verbindung des Stammes
´lab`-u zu den griechischen Lehnwörtern λάβϱυς
(Labrys, d. Verf.) und λαβύϱινθος (Labyrinthos,d.Verf.),
nicht zuletzt wegen der hierfür von der minoischen
Forschung gebrauchten Übersetzung: "Axt, Beil", bzw.
"Haus der Doppelaxt", weder erkannt und mit an Sicherheit grenzender Wahrscheinlichkeit nicht einmal in
Erwägung gezogen.
Die Hinweise Ernst Weidners, auf die sich auch der
Bearbeiter des Akkadischen Handwörterbuches stützt,
sind möglicherweise, weil einem anderen Forschungsbe-

reich zugehörig, der minoischen Forschung nicht einmal zur Kenntnis gelangt. Bei Ernst Weidner heißt es:„Hier steht vor Labu-ni das Gottesdeterminativ, gegen Müller (S. 40) kein Schreibfehler, da auch sonstige Gegenstände, die zum Kult gehörten oder in besonderer Achtung standen, mit dem Gottesdeterminativ ausgezeichnet wurden. Die Annahme liegt nahe, dass Labuni ein Kultgegenstand, ein Baubestandteil oder dergleichen war."[241]

Ernst Weidner hat dieses Ergebnis seiner Quellenbearbeitung in der von ihm herausgegebenen Zeitschrift Archiv für Orientforschung aus dem Jahre 1957 veröffentlicht. Die minoische Forschung hatte sich jedoch bereits weit vorher, ausgewiesen durch das Handwörterbuch der griechischen Sprache von Johann Gottlob Schneider aus dem Jahre 1828, auf die Formel: „λάβρυς, ἡ (Labrys, d.Verf.) = πέλεκυς (pelekus, d.Verf.) Karisch und Lydisch."[242] und somit wegen der Übersetzung der Bezeichnung pelekus = Doppelaxt, frühzeitig auf eine Gleichstellung der Wortbezeichnung ´Labrys` mit einer Doppelaxt festgelegt.

Dieser frühzeitigen Festlegung in der Forschung, die bereits einen Zugriff auf das akkadisch /assyrische Wort ´labunu` (= Zeichen, Emblem) versperrte, liegt, wie bereits erörtert, ein Hinweis Plutarchs zugrunde, dem nachgesagt wird, historische Unterlagen oft leichtfertig zu verwenden und viel Phantasie zum Einsatz kommen zu lassen, um glaubwürdige Details nachzubilden.[243]

Plutarch, um 45 n. Chr. geboren, kann in diesem Falle jedoch nicht angelastet werden, ein lange vor seiner Zeit gebräuchliches und nach heutigen Maßstäben nicht dokumentiertes Kultsymbol, in Unkenntnis seines wirklichen astronomischen Hintergrundes, möglicherweise allein nach seinem sichtbaren Erscheinungsbild, beurteilt und möglicherweise mit einer Doppelaxt (πέλεκυς) gleichgesetzt zu haben. Plutarch teilt mit: „Λυδοί γὰρ λάβρυν τόν πέλεκυν ὀνομάζουσι."[244] (Die Lyder nämlich bezeichnen die ´pelekus` als ´labrys`, d. Verf.).

Die in πέλεκυς befindliche akkadisch/assyrischen Wortwurzeln ´pel-u` (pe-li), im Allgemeinen mit Finsternis, und im Besonderen mit dem rötlichen Schleier, der den Mond bei einer Mondfinsternis umgeben kann, in Verbindung gebracht,[245] ist von Plutarch offensichtlich nicht ausgemacht worden.


Die akkadisch /assyrische Wortbezeichnung ´pel-u` weist zunächst auf die Erscheinungen anlässlich einer totalen Mondfinsternis hin, wobei sich die Erde zwischen Sonne und Mond befindet und die von der Sonne beleuchtete Erde einen rötlich schimmernden, schwarzen Schatten auf die Mondoberfläche projiziert.

Darüber hinaus wird ´pel-u`, wie wir bereits gesehen haben, ebenso mit einer Verdunkelung im Rahmen einer Sonnenfinsternis in Verbindung gebracht.

Zudem umfasst die Stammform auch ein Naturereignis in Form eines Erdbebens. Die der Stammform ´pel-u` nachgebildete, griechische Entlehnung πελ-εμίζω (pel-emizo, d. Verf.) = erzittern, erbeben, wanken[246], verweist auf die von den damaligen Menschen vorgestellte Gefahr eines Erdbebens, mit der man auf symbolische Weise auch die Elementargewalt eines Stieres verbunden hat. Diese Gefahr verdichtete sich, wenn sich die verfinsterte Scheibe des Mondes bei einer Sonnenfinsternis vor der Sonne zeigte. Mit diesem Ungetüm, halb Mensch, halb Stier, verband man in der Sage die Gestalt des Minotauros.

Demselben Wortstamm ist das griechische Lehnwort πέλ-ωρ (pelor, d. Verf.) = Ungeheuer, Ungetüm[247], entnommen worden, ein Lehnwort, welches sich vermutlich ursprünglich bei Auftauchen des Mondschattens entwickelt hat und mit welchem man sodann den Minotauros belegte. Dieser Hintergrund des Wortes πέλεκυς nebst seinen Inhalten, hat Plutarch allem Anschein nach nicht erkannt, der wahrscheinlich nur noch die äußere Gestalt des für das Ritual angefertigten, in seinem Aussehen einer Doppelaxt nicht unähnlichen, Kultgegenstandes wahrgenommen hat. Jedenfalls hat er die Begriffe πέλεκυς (pelekus, d.Verf.) und λάβρυς (labrys, d. Verf.), wobei er, möglicherweise eine Quelle auswertend, jeweils von einer Axt ausgegangen ist, leichtfertig miteinander verbunden.[248]

Diese Gleichsetzung Plutarchs ist von der modernen Forschung augenscheinlich unreflektiert übernommen und später mit λαβύρινθος ( Labyrinthos, d. Verf. ) in Verbindung gebracht worden. Labrys, so heißt es dort, bezeichne wie Pelekus eine Doppelaxt, die zwei einander gegenüber liegende Klingen aufweise.[249] Der Ausdruck Labrys und seine Verknüpfung mit Pelekus sei im Griechischen durch Plutarch überliefert und dort als lydisches Wort in einer Glosse verwandt worden. Im späteren 19. Jahrhundert sei das Wort Labrys zur Bezeichnung des minoischen Kultsymbols in die Wissenschaftsgeschichte eingeführt worden.[250] Im minoischen, besonders aber im griechischen Ritual, sei die Doppelaxt als Tötungssymbol gut belegt.[251]

An anderer Stelle heißt es: "Labrys, das Wort unbekannter, wohl ägäischer (? Kleinasiat.) Herkunft (lyd. Nach Plut. Mor. 302a, vgl. dazu RE XII 286) wahrscheinlich mit Labyrinthos zusammenhängend, bezeichnet die Doppelaxt."[252]

Der Autor des unter diesem Stichwort befindlichen, umfassenden Beitrages in Paulys Real- Enzcyklopädie der klassischen Altertumswissenschaft teilt mit:„Vielleicht hängt das Wort etymologisch zusammen mit λαβύρινθος (Labyrinthos) (s.d.): unsichere Vermutungen über das Wurzelwort λάβρα (Labra, der Verf.) gibt Conway im Anhang zu Burrows 237ff."[253] Namentlich in England, so der Autor weiter, habe die Vermutung, dass λαβύρινθος das Haus der Labrys bedeute, überzeugte Anhänger gefunden.[254] Das Griechisch Etymologische Wörterbuch von Hjalmar Frisk[255] führt zu Labyrinthos aus: "Vorgriechisches Wort auf –inthos, schon längst (M.Mayer Jb.d.deut.arch.Inst.7(1892), mit λάβρυς (labrys, d.Verf.), nach Plu.2,302a lydisch für πέλεκυς (pelekus, d.Verf.), verbunden und als Haus der Doppelaxt (als Königsinsignie) gedeutet; in Hofmanns Etymologischem Wörterbuch des Griechischen heißt es diesbezüglich:"Lyd. Wort nach Plutarch,vgl. Lyd. λάβρυς Beil; Bed. Königsburg, eigtl. Haus des Doppelbeils als Königsinsignie."[256]

Ein vortrefflicher Kenner der minoischen Kultur, Fritz Schachermeyr, führt hierzu aus: "Das bedeutendste unter den Kulturwörtern ist zweifellos Labrys, und gerade dieser Ausdruck ist in seiner Bedeutung als Doppelaxt nicht nur auf Kreta, sondern auch in Westkleinasien verbreitet gewesen."[257] Weiter heißt es dort: „Aber auch den Palast von Knossos haben die späteren Griechen immer noch als Labyrinthos aufgefasst. Schon früher habe ich die Ansicht vertreten, dass die ursprüngliche Bedeutung soviel wie "Doppelaxtgebäude" besagte."[258]

Fritz Schachermeyr ist insoweit zuzustimmen, als er ausführt, dass auch die späteren Griechen den Palast von Knossos noch als Labyrinthos aufgefasst haben und es sich bei dem Suffix [259] ´inthos` um ein an Wortstämme angehängtes Wortbildungsmittel handelt, welches nicht nur im vorliegenden Falle griechischen Ortsbezeichnungen beigegeben ist.[260] Es ist zu vermuten, dass die späteren Griechen, ebenso wie Plutarch, den astronomischen Hintergrund, der bei den frühen Minoern noch Grundlage für die Nachbildung des Symbols im Rahmen des Kultes war und der mit der akkadisch /assyrischen Wortbezeichnung Labu-nu (Zeichen) verbunden worden ist, nicht mehr erkannt haben oder dieser Hintergrund im Laufe der Zeit in Vergessenheit geraten ist. Der modernen Forschung ist es daher nachzusehen, wenn dort aufgrund der Äußerung Plutarchs bis heute eine Gleichsetzung von ´Labrys` und ´Pelekus` (= Doppelaxt) angenommen und der Palast von Knossos auch gegenwärtig noch als ein Labyrinthos (Haus der Doppelaxt) angesehen wird.

Die Forschung hat bei alledem bislang übersehen, dass die Wortbestandteile λαβ-ουρ`, die auch der lateinischen Bezeichnung für das constantinische Himmelssymbol, ´labarum` und der griechischen Entsprechung λαβουρον` (labouron,d.Verf.) zugrunde liegen, dem altorientalischen Sprachraum als Lehnwort entnommen und neben dem Suffix ´i n t h o s` die zusammengesetzte Wortbezeichnung L a b o u r – i n t h o s formt.

Der altorientalischen Stammform ´Lab-unu` nach, von welcher W. von Soden vermutet, dass sie ein Emblem (ein Symbol) bezeichne,[261] wäre demnach das Wort Labyrinthos nicht mit "Haus der Doppelaxt", wie in der Forschung fälschlich und vorschnell angenommen, sondern allgemein mit "Haus des Emblems, Haus eines Zeichens, eines Sinnbildes" wiederzugeben.

Dieses Ergebnis des Verfassers wird auch durch einen Beitrag aus dem Assyrian Dictionary verstärkt, wo dessen Bearbeiter mit Hinweis auf Weidner in AfO 18, 355 mitteilt, dass einem „göttlichen Determinativ" (ein Zeichen, das die Zugehörigkeit eines Begriffes zu einer bestimmten Kategorie festlegt, d. Verf.)[262] zu entnehmen sei, dass in mittelassyrischer Zeit das Wort ´Labbunu` mit einem Objekt oder einer Konstruktion verbunden war, welches oder welche (pl.) im Kult gebraucht und in einem Teilkomplex des Tempels von Assur untergebracht (gelagert) gewesen sei. Diesen Ort habe man ´bít labbuni` genannt. Wörtlich heißt es dort: „As the divine det. in the M.A. rit. Indicates, the Labbunu was a construction or object used in the cult, and the bit Labbuni the complex that housed it."[263]

Diesem Hinweis ist zu entnehmen, dass es in Mesopotamien ein Symbol noch unbekannter Gestalt gegeben hat, welches nach Gebrauch im Kult an einen eigens hierfür vorgesehenen Ort verbracht worden ist.

Waren es innerhalb des minoischen Kultes vormals die hinteren, finsteren Bereiche der Höhlen und Grotten, bzw. später der Tempelkomplex von Knossos, wo das Symbol für eine Sonnenfinsternis, die ´Labrys` niedergelegt worden ist, so wurde das ´labunu` in Assur im dortigen Tempelbezirk niedergelegt.

Ob es sich auch in Assur um ein Symbol für eine Sonnen-/Mondfinsternis zum Gebrauch im Kult gehandelt hat, kann nicht mit Sicherheit angenommen, aber auch nicht ausgeschlossen werden, da die akkadisch/assyrische Bezeichnung ´bít labbuni`, welcher die griechische Entlehnung ´Labyrinthos` nachgebildet worden ist, augenscheinlich zunächst neutral und ohne

Namenszuweisung mit "Ort für ein Emblem, Zeichen, Sinnbild" wiedergegeben werden kann.

## 34. ´Labrys` und ´Pelekus` - Gemeinsamkeiten und Berührungspunkte

Was den minoischen Bereich anbelangt, so deutet auch das griechische Adjektiv λάβρος (Lab-ros, d.Verf.), welches mit „stark, heftig und gewaltig" zu übersetzen ist und ursprünglich sinnbildlich für "gewaltige Naturkräfte" gestanden haben soll,[264] auf eine Entlehnung aus dem mesopotamischen Sprachraum und eine Verbindung mit der akkadisch/assyrischen Stammform ´lab-u` hin.

Das griechische Adjektiv λάβρος (Labros, d.Verf.) sei auch mit "tierischen Kräften" verbunden gewesen, so heißt es.[265]

Dieser Umstand weist darauf hin, dass sich der Inhalt des Adjektivs vermutlich aus einer mit dem minoischen Symbol verbundenen Naturerscheinung einer Sonnenfinsternis entwickelt hat, welche nach Vorstellung der Minoer mit den tierischen Kräften eines Stieres in Gestalt des Minotauros ausgestattet war und ein Erdbeben und somit die Zerstörung des Gemeinwesens mit sich bringen konnte.

In einen eben solchen Zusammenhang ist auch das bereits oben angeführte und von Pelekus abgeleitete griechische Verbum πελεμίζω (pelemizo, d.Verf.) zu stellen, welches mit "erzittern, erbeben, wanken" übersetzt wird.[266] Auch dieses Wort scheint auf eine Entlehnung aus dem mesopotamischen Bereich zurückzugehen und dessen Inhalt mit dem assyrisch/akkadischen Wortstamm ´pel`-u verbunden gewesen zu sein.

Ebenso wie die griechische Entlehnung λάβρος (labros,d.Verf.) beschreibt auch πελεμίζω augenscheinlich eine Naturkatastrophe, nämlich ein Erdbeben, welches nach alter Vorstellung durch eine Sonnenfinsternis ausgelöst werden konnte.

An dieser Stelle offenbart sich eine inhaltliche Gemeinsamkeit, die die jeweiligen Stammformen ´pel`-u und ´lab`-u, sowie deren griechische Entlehnungen ´πελ-` und ´λαβ-` miteinander verbunden hat. Diese Stämme haben die griechischen Entlehnungen πέλεκυς (pelekus,d.Verf.) und λάβρυς (labrys,d.Verf.) geformt.
Beide Inhalte sind dem damals vorgestellten Bereich der Naturerscheinungen im Rahmen einer Sonnenfinsternis entnommen worden.
Die Verbindung und Gleichsetzung dieser Inhalte und ihre Vereinigung unter dem griechischen Oberbegriff ´Labrys` (akkadisch/assyrisch labunu = Z e i c h e n) war vermutlich Ursache der Zusammenführung von ´Pelekus` und ´Labrys`, Bezeichnungen, die ursprünglich, möglicherweise zunächst wechselseitig oder nebeneinander für das am Himmel abgelesene und zum Gebrauch im Kult nachgebildete Symbol gestanden haben und deren inhaltliche Gleichheit ursächlich für die von Plutarch mitgeteilte Gleichsetzung von ´Pelekus` und ´Labrys` gewesen sind.

Ein Labyrinth im Sinne eines Hauses für eine Doppelaxt hat demnach zu keinem Zeitpunkt existiert.
Als ´Labyrinth` ist von den Minoern und den nach Kreta eingewanderten Griechen zu Recht und folgerichtig der Ort bezeichnet worden, an welchen das Symbol, die ´Labrys`, als Sinnbild sowohl der Finsternis, als auch des ungestümen Minotauros nach Beendigung der Ritual-

handlungen zur Abwehr möglicher Folgen, verbracht worden ist.

Das Labyrinth war demnach sowohl Haus des Symbols für die Naturerscheinung (Sonnenfinsternis), als auch die Behausung des den Mondschatten nach alter Vorstellung repräsentierenden Minotauros. Erst die Legende hat diesen, zunächst in den hintersten Winkeln der kretischen Höhlen gelegenen und sodann in die Paläste verlagerten Bereich, wegen seiner Windungen und Winkel, zum Synonym für einen vielfach verschlungenen, unentwirrbaren Ort gemacht, worin man sich leicht verirren kann. Letzterer Umstand ist in der griechischen Geschichte von Ariadne und Theseus verewigt worden.

## Zusammenfassung und Ausblick

Die Grundlagen der minoischen Religion sind vom Astralkult geprägt, eine Erkenntnis, die von der modernen Forschung bislang nicht wahrgenommen worden ist.

Zwar wird auch von der Forschung, weil aufgrund der in den Kulthöhlen aufgefundenen Gestirnsbildnisse unausweichlich, die Frage aufgeworfen, ob im minoischen Raum ein Kult der Himmelskörper bestanden habe[267] und eingeräumt, dass die Minoer diese beobachtet und auch dargestellt hätten. Ein Beweis für den Kult der Himmelskörper, so wird abschließend festgestellt, ergebe sich hieraus aber nicht.[268]

Ein möglicher Beleg hierfür, so die Forschung, sei einzig und allein die Figur auf der bereits besprochenen Gussform aus der Höhle von Palaikastro. Auf einer großen runden Scheibe von zwei Punktkreisen umgeben, so wird ausgeführt, befinde sich eine schmale Sichel. Die Scheibe sei als Sonne zu deuten. Für diesen Fall sei es dann sehr auffallend, dass die Mondsichel a u f der Sonnenscheibe erscheine.[269] Diesem Bildnis, so wird weiter gefolgert, könne man ein paar Terrakotten aus Tylissos zuordnen, „eine runde Scheibe, die in einer Sichel ruht".[270] Resümierend wird festgestellt: „Die Figur der Gussform ist nicht sicher zu deuten. Vielleicht ist die Scheibe ein ornamental ausgestalteter Schild - auf derselben Gussform ist ein großes, reich ornamentiertes Rad, - vielleicht hat sie kosmische Bedeutung; für einen Kult der Himmelskörper ist sie kein ausreichendes Zeugnis."[271]

Der Verfasser hat aufgezeigt, dass der minoische Kult, welchem die griechische Erzählung von Minos, Ariadne, Theseus und dem Minotauros nachgebildet worden ist, sich aus einer vom Himmel abgelesenen Erscheinung während einer Sonnenfinsternis entwickelt hat. Ein von der Forschung bestrittener Astralkult wäre dann nicht gegeben, wenn ein Vorgang, der sich auf der Erde ereignet, an den Himmel versetzt worden wäre.

Der Zusammenhang zwischen dem minoischen Ritual und den beteiligten Gestirnen ist nicht von der Hand zu weisen. Hier wurde ein Vorgang am Himmel mythologisch erklärt und das Naturschauspiel in einer geschichtlichen Nachbildung vordergründig mit Personen verbunden, die im eigentlichen Sinne der Götterwelt angehören. In den Gestirnen kommt die astrale Wesenheit der handelnden Gottheiten zum Ausdruck. Darüber hinaus ist das in das Ritual eingebundene Ereignis, die Sonnenfinsternis, keinesfalls einer irdischen Erscheinung nachgebildet, so dass dieser Kult nach den hierfür festgesetzten Kriterien als Astralkult anzusehen ist.[272]

Mit an Sicherheit grenzender Wahrscheinlichkeit ist anzunehmen, dass, jedenfalls im mesopotamischen Bereich, der Astralkult von jeher eine Heimat gehabt hat.[273] Die Eigenschaften des Mondes, seine wechselnden Erscheinungsformen und die hierdurch mögliche Messbarkeit der einzelnen Perioden, haben dazu geführt, dass man dem Mondgott in Mesopotamien und ebenso dem kretischen Minos, hinter dessen mythischer Gestalt sich ebenfalls der Mondgott verbirgt, als Garant für eine feste staatliche Ordnung und somit ordnungspolitische Gesichtspunkte wie „Hüter von Gesetz und Recht" und „gerechter Gesetzgeber" zugeordnet hat.

Die vom Verfasser ermittelte babylonisch/assyrische Wortbedeutung für (min)–itu, deren Stamm offensichtlich von den griechischen Einwanderern entlehnt und der griechischen Bezeichnung für den sagenhaften kretischen König Minos zugrunde liegt, deutet bereits auf eine orientalische Herkunft seiner Gestalt und einen Gestirnskult auch auf dem insularen Kulturraum Kretas hin.

Befreit man den minoischen Kult von griechischen Überlagerungen, wie sie in der Erzählung von Minos, Ariadne, Theseus und dem Minotauros zum Ausdruck kommen, so scheint sicher zu sein, dass es einen historischen König namens Minos nicht gegeben hat.

Das unter der Erde gelegene Gefängnis des Minotauros wird von der modernen Forschung mit dem sagenhaften Labyrinth von Knossos in Verbindung gebracht. Auch die christliche Tradition hat das sogenannte Labyrinth für sich vereinnahmt, dieses mit der Unterwelt verglichen und die Schwierigkeit der Rückkehr aus der Unterwelt betont. Der Minotauros, so heißt es, versinnbildliche die Hölle und den Teufel. Das Labyrinth sei ein sicherer, ins Verderben führender Irrweg, wenn "Christus Theseus nicht rette".[274] An anderer Stelle ist zu hören, dass der Sieg des Theseus im Labyrinth den Sieg des Guten über das Böse repräsentiere.[275] Darüber hinaus wird der Triumph des Helden zur mythologischen Analogie vom Triumph des Christus über Satan und die Höllenqualen.[276] Mit seinem Abenteuer auf Kreta, so wird anderswo berichtet, sei Theseus der Einzige, dem die Überwindung des mörderischen Minotauros und die Entwirrung der labyrinthischen Pfade gelungen sei. Im Symbolismus des Ritus könne diese einmalige Heldentat, mit der der kraftvoll Einzelne über Tod und Chaos triumphiere, für alle Zeiten von allen Menschen erneut vergegenwärtigt und erfahren werden.[277] Im Mittelalter wurde die "schamlose Umarmung der Pasiphae", der treulosen Gattin des Minos, als Allegorie des christlichen Sündenfalls angesehen. Die Errichtung des Labyrinths habe nur den Zweck verfolgt, das grässliche Produkt Pasiphaes und des Stieres zu beherbergen.[278]

Die Stellung Ariadnes wird von der modernen Forschung deshalb nicht als zentraler Gesichtspunkt behandelt, weil die Verbindung der griechischen Erzählung zum minoischen Kult gar nicht und erst recht nicht die dortige Position der Göttin als eigentliche Adressatin des Kultes gesehen worden ist. So heißt es in der Forschung lapidar, Ariadne stehe am Eingang des Labyrinths und halte den Faden, mit dessen Hilfe Theseus beim Versuch, den eigenen Schritten auf die Spur zu kommen, seinen Weg finde.[279]

Der Verfasser hat aufgezeigt, dass die griechische Erzählung von Minos, Ariadne, Theseus und dem Minotauros und auch das dieser Erzählung zugrunde liegende minoische Kultritual rein gar nichts mit der überaus reichen Anzahl philosophischer Andichtungen in Wissenschaft und Forschung und den allegorisierenden Vereinnahmungen durch die christlichen Kirchen zu tun hat.

Der Erzählung liegt vielmehr ein minoisches Ritual im Rahmen der Verehrung der Göttin Ariadne (Istar, Aphrodite, Venus) zugrunde, welches die griechischen Einwanderer auf Kreta vorfanden und in ihrer Erzählung von der Heldentat des Theseus verarbeitet haben. Mit Hilfe der Göttin, welche man mit dem hell leuchtenden Venusstern identifizierte, sollten zu erwartende Folgen einer lebensbedrohenden Sonnenfinsternis, die den Tod des Herrschers, Pest, Seuchen und Erdbeben über das Land bringen konnten, und somit geeignet waren, das Gemeinwesen zu vernichten, abgewendet werden. Die Ritualvorschriften schrieben zwingend die Anfertigung

eines symbolischen Abbildes des am Himmel abgelesenen Ereignisses in Form der ´Labrys` vor. Ebenso war
ein abschließender ritueller Bändertanz zu Ehren der
Göttin notwendig, welcher deren Rolle und Bedeutung
hervorheben und den Beitrag der Göttin zur Rettung
des Theseus durch den Gebrauch Licht spendender
Fackeln und Bänder nachahmen sollte.

Ein Labyrinth nach den Vorstellungen des Ausgräbers
von Knossos, Arthur Evans, das er in den verwirrenden
Gängen und Räumen des Palastes von Knossos gesehen
haben will, und als ´Haus der Labrys` (nach A. Evans:
Haus der Doppelaxt, d.Verf.) bezeichnet, hat in der von
Evans vorgestellten Form und Funktion nie existiert.
Als ´Haus der Labrys` im Sinne eines Verbringungsortes
des Kultsymboles sind die dunklen und verzweigten
Bereiche der Kulthöhlen und später die in den Palästen
befindlichen Kultkapellen anzusehen, wo das Symbol
für eine Sonnenfinsternis nach Gebrauch im Ritual niedergelegt und gleichsam versperrt worden ist. Folgerichtig war es zunächst der Niederlegungsort in den Höhlen,
der wegen seiner verzweigten Gangsysteme und vielfa-
cher Verirrungsmöglichkeiten zur Mythenbildung beigetragen und im Rahmen einer Versinnbildlichung zur
Wortbildung ´Labyrinth` geführt hat.

Das griechische Lehnwort ´Labyrinth` bezeichnet den
Ort, wohin das dem gefürchteten Mondschatten nach-
gebildete Symbol, die ´Labrys` verbracht worden ist.
Diese Allegorisierung ist im Rahmen der griechischen
Erzählung von Minos, Ariadne, Theseus und dem Mi-
notauros ebenfalls folgerichtig mit dem Gefängnis des
den Mondschatten repräsentierenden Minotauros in
Verbindung gebracht worden.

Dieser Hintergrund, die ´Labrys` anbetreffend, ist der
modernen Forschung aus den unterschiedlichsten

Gründen verborgen geblieben, die bislang die Wortbezeichnung ´Labrys` mit einer Doppelaxt verknüpft. In späterer Zeit wurden Kult und Kulthandlungen von den Kulthöhlen in die Paläste verlagert. Entsprechende Symbole wurden in der von Evans entdeckten ´Doppelaxtkapelle` im Palast von Knossos gefunden, die der Zeit nach der Zerstörung des Palastes angehören soll.[280]

Nach alledem ist es keinesfalls so, wie eine Biographin, die über das ereignisreiche Leben Arthur Evans räsoniert, die Geschehnisse zusammenfasst: „Mag sein, dass Sir Arthurs Begeisterung für seine Minoer und seine Überzeugung von ihrer Bedeutung gewisse Züge von Besessenheit hatte, doch im großen Ganzen haben seine Entdeckungen und die Schlüsse, die er aus ihnen zog, der Belastung durch die Zeit und der Nachprüfung durch moderne Forschungsmethoden standgehalten."[281]

Auch wenn Arthur Evans "Beitrag zum Wissen der Menschheit über sich selbst",[282] bezogen auf die minoischen Verhältnisse, der vornehmlichste und bedeutendste war, so ist es ihm nicht in jedem Fall gelungen, den von ihm untersuchten Gegenständen den ihnen gebührende Sinn zu verleihen.

Ein weiterer Band zur minoischen Religion soll aufzeigen, dass die orientalische Göttin Inanna (Istar, Aphrodite, Venus), ebenso wie in Mesopotamien auch im minoischen Bereich die Vorherrschaft gegenüber anderen Gottheiten inne hatte und Adressatin der Hauptkulte Kretas war.

Der Verfasser hat in einer weiteren Abhandlung die ursprünglichen minoischen Religionsvorstellungen von den diese überlagernden griechischen Elementen befreit

und hiernach wahrnehmbare Rituale entgegen den bis-
herigen Vorstellungen der Wissenschaft in einen seiner
Ansicht nach richtigen Rahmen stellen können. Wie
bereits einleitend erwähnt, war ihm bei all seinen Überlegungen ein Hinweis aus einem zufällig entdeckten
etruskischen Grab behilflich. Ohne die begleitende Hilfestellung weiterer "Zufälle" und ein gewisses Maß an
Inspiration, die dem von ihm untersuchten Gegenstand,
die ´Labrys`, hinsichtlich ihres Gebrauchs und ihrer
Bedeutung wieder zum Leben erweckten,  hätten sich
auch dem Verfasser Wege zu Problemlösungen nicht
aufgetan.

# Textabbildungen

## Verzeichnis und Stellennachweise

147

Abb. 34  ( S. 117 )    Thronsaal von Knossos (S.Min II, Bossert, Altkreta, 3.
                       Aufl., Nr. 225)entnommen: F. Schachermeyr, a.a.O.,
                       Tafel 62

Abb. 35  ( S. 120 )    Statuetten aus der Spätzeit
                       aus Gazi (Zerros Nr. 774)
                       und
                       aus Karphi (Zerros Nr. 803f.)
                       entnommen: F. Schachermeyr, a.a.O., Tafel 31

Abb. 36  ( S. 120 )    Statuette aus dem Heiligtum der Doppeläxte, Knossos
                       entnommen: H.G. Wunderlich, a.a.O., Abb. 22, S. 65

Abb. 37  ( S. 123 )    Frau mit Sonnenscheibe (?), Frau mit Blumen, Rad
                       Gussform, Palaikastro, nach Eph. arch., 1900, Tafel
                       III, Abb. 1 entnommen: Martin P. Nilsson, a.a.O., Ta-
                       fel 23, Nr. 1

Abb. 38  ( S. 124 )    Frau, Doppeläxte emporhaltend, Gussform, Palaikast-
                       ro nach Eph.arch., 1900, Tafel IV, Abb. 2
                       entnommen: Martin P. Nilsson, a.a.O., Tafel 9, Nr. 2

148

# Anmerkungen

[1] Vgl. S.L.Horwitz Knossos, Sir Arthur Evans auf den Spuren des Königs Minos, Originaltitel: "The Find of a Lifetime", 1981/1983, S.252, m.w.N.

[2] Vgl. H.Baumann, Löwentor und Labyrinth (1966), S.100f, 149

[3] Vgl. S.L.Horwitz, a.a.O. , S. 80

[4] Vgl. Dies., a.a.O., S.85, 87

[5] Vgl. H.Baumann, a.a.O., S.101

[6] Homer, Odyssee 19, 172f. u. 178f., entnommen: S.L.Horwitz, a.a.O., S. 82

[7] Vgl. S.L.Horwitz, a.a.O., S.88f; G.Hiesel, Der Neue Pauly, Bd.8, 2000, Mer-Op, Minoische Kultur und Archäologie, Sp. 221

[8] Vgl. S.L.Horwitz, a.a.O., S.86.

[9] Vgl. Dies., a.a.O., S.86

[10] Vgl. Dies., a.a.O., S.87

[11] Vgl. Dies., a.a.O., S.90f

[12] Vgl. Dies., a.a.O., S.92f

[13] Vgl. Dies., a.a.O., S.94

[14] Vgl. Dies., a.a.O., S.91

[15] Vgl. H.Baumann, a.a.O., S.105

[16] Vgl. S.L.Horwitz, a.a.O., S.94

[17] Vgl. Dies., a.a.O., S.96f.

[18] Vgl. H.Baumann, a.a.O., S.105

[19] Vgl. S.L.Horwitz, a.a.O., S.105

[20] Vgl. Dies., a.a.O., S.105

[21] Vgl. H.Baumann, a.a.O., S.113

[22] Vgl. Ders., a.a.O, S.114

[23] Vgl. Ders., a.a.O., S. 115

[24] Vgl. Ders , a.a.O., S.115

[25] Vgl. Ders., a.a.O., S.115, 116

[26] Vgl. Ders., a.a.O., S.116

[27] Vgl. Ders., a.a.O., S.117

[28] Vgl. Ders., a.a.O., S.118

[29] Vgl. Ders., a.a.O., S.119

[30] Vgl. R.Ganszyniec, in Paulys RE, 23. Halbband, 1924, Kynesioi-Legio, Sp. 286-307 (297)

[31] W.Hatto, Der kleine Pauly, Lexikon der Antike, Dritter Band, 1979, Juppiter bis Nasidienus, Sp. 432

[32] Vgl. Ders., a.a.O., Sp.432

[33] Vgl. Martin P.Nilsson, Geschichte der griechischen Religion, 1.Band, 2. Aufl., S. 276

[34] M.P.Nilsson, a.a.O., S.275; Robin Hägg, Der neue Pauly, Bd.10, 2001; Minoische Kultur, Sp. 902

[35] Vgl. R.Ganszyniec, a.a.O., Sp.288

[36] Vgl. Ders., a.a.O., Sp.288
[37] Vgl. Ders., a.a.O., Sp.292
[38] Vgl. Ders., a.a.O., Sp.296
[39] Vgl. F.Graf, Der neue Pauly, Bd.6, 1999, (Labrys) Sp.1036
[40] Vgl. M.P.Nilsson, a.a.O., S.277
[41] Vgl. F.Schachermeyr, Die minoische Kultur des alten Kreta, 1979, S.161
[42] Vgl. R.Ganszyniec, a.a.O., Sp.299
[43] Vgl. Ders., a.a.O., Sp.299
[44] Vgl. M.P.Nilsson, a.a.O., S.278
[45] Vgl. H.Wieland, Lexikon der frühen Kulturen, 1984, Bd.1, S.220
[46] Vgl. M.P.Nilsson, a.a.O., S.256
[47] Vgl. Ders., a.a.O., S.259
[48] Vgl. G.Hiesel, Der neue Pauly, Bd.8, 2000, Minoische Kultur und Archäologie, Mer-Op, Sp. 223,
[49] Vgl. G.J.Selz, Reallexikon der Assyrologie und vorderasiatischen Archäologie, Bd. 13, 2011, Stadt-, Landes- u. Staatsgötter, § 2, S. 76
[50] Vgl. M.Jastrow, jr., Die Religion Babyloniens und Assyriens, Erster
Band (1905), S.72
[51] Vgl. J.Stenger, Der neue Pauly, Bd.8, 2000, Mer-Op, Minos, Sp. 234
[52] Vgl. M.Jastrow,jr., a.a.O., S.72
[53] Vgl. Ders., a.a.O., S.72
[54] Vgl. Ders., a.a.O., S.75
[55] Vgl. G.J.Selz, a.a.O. mit Hinweis auf K.Szarzynska, Offerings for the
Godness, Inana in archaic Uruc (1993)
[56] Vgl. Ders, a.a.O., §2, S.76
[57] Vgl. Ders, a.a.O. mit Hinweis auf George, HMH 175 (zahlreiche
Kultorte)
[58] Vgl. C.Wilke, Reallexikon der Assyrologie und vorderasiatischen
Archäologie, 1976-1980, Bd. 5, Ia-Kizzwatna, Inanna/Istar
(Mesopotamien), § 3.7, S.78
[59] Vgl. M.Jastrow, jr., a.a.O., S.72
[60] Vgl. F.Schachermeyr, a.a.O..,S. 302; Od. XIX,179
[61] Vgl. Ders., a.a.O., S.302; Hesiod (Fr. 103 Rzach)
[62] Vgl. J.Stenger, a.a.O., Sp.243; (Hom.od. 11,568-571)
[63] Vgl.F.Poland, in Paulys RE,Dreißigster Halbband, 1932, Met-Molaris
Lapis (Minos), Sp. 1923 mit Hinweis auf Creuzer, Symbolik IV, 101,
173
[64] Vgl. F.Poland, a.a.O., Sp. 1923
[65] Vgl. Übersicht bei M. Peters, Eine minoische Etymologie, in: Graeco-
-Latina Brunensia, 2001-2002,vol. 50-51,iss,N 6-7,S.231-240
[66] J.Stenger, a.a.O., Sp.235
[67] Vgl. F.Schacherneyr,a.a.O., S. 303
[68] Vgl. Ders., a.a.O., S.303
[69] Vgl. Ders., a.a.O., S.303
[70] Vgl. Ders., a.a.O., S.239-253
[71] Vgl. J.Lissner, Rätselhafte Kulturen, 1961, S.97,98

[72] Vgl. F.Schachermeyr, a.a.O., S. 251

[73] Vgl. Ders., a.a.O., S.249, 253

[74] Vgl. Ders., a.a.O., S.258, Anm. 46

[75] Vgl. Ders., a.a.O., S.258

[76] Vgl. Ders., a.a.O., S.258

[77] Vgl. Übersicht bei M..Peters,a.a.O., S.236 m.w.N.

[78] L.Oppenheim and E.Reiner, THE ASSYRIAN DICTIONARY, Volume 10, 1977, M, Part II, minitu, S.86-89 (87)

[79] Dies., a.a.O., S.87, 1 e, m.w.N.

[80] Hjalmar Frisk, Griechisches Etymologisches Wörterbuch, Bd. II, (1970): Κϱ-Ω μίνυθα, S.202

[81] H.Georges, Ausführliches Lateinisch-Deutsches Handwörterbuch, Band 2, (1962), S. 932

[82] M.Civil, I.J.Gelb, et al (ed), THE ASSYRIAN DICTIONARY, Volume 1, 1968, A, Part II, arhu, S.259

[83] Vgl. F.Poland, a.a.O., Sp.1920, 1924

[84] Vgl. F.Schachermeyr, a.a.O., S.152; vgl. Poland, a.a.O., Sp. 1924 m.w.N.

[85] Vgl. F.Schachermeyr, a.a.O., S.152

[86] M.P.Nilsson, a.a.O., S.301

[87] Vgl. Ders., a.a.O., S.301

[88] Vgl. Ders., a.a.O., S.302

[89] Vgl. Ders., a.a.O., S.302

[90] Vgl. Ders., a.a.O., S.302

[91] Vgl. R.Hägg, Der neue Pauly, Band 10, 2001, Sp.901

[92] Vgl. F..Poland, a.a.O., Sp. 1924

[93] Vgl. Der Verfasser, S. 77f.

[94] Vgl. A.Jeremias, Handbuch der altorientalischen Geisteskultur (1929), S. 192

[95] Vgl. Ders., a.a.O., S.192; Vgl. Übersicht bei Walter Pötscher, Aspekte und Probleme der minoischen Religion, S. 17-66

[96] Vgl. M.Jastrow, jr.,a.a.O., S.440

[97] Robert von Ranke-Graves, Griechische Mythologie, S.269

[98] Vgl. F.Schachermeyr, a.a.O., S.146

[99] Vgl. Ders., a.a.O., S.161

[100] Vgl. Ders., a.a.O., S.166

[101] Vgl. R.Ganszyniec, a.a.O., Sp.299

[102] Vgl. Ders., a.a.O., Sp.299

[103] Vgl. R.Sachs, Handbuch religionswissenschaftlicher Grundbegriffe, Band II, Fetisch, S. 425

[104] Vgl. Ders., a.a.O.,S.425

[105] Vgl. Ders., a.a.O., S.425

[106] Vgl. M.Jastrow, jr., a.a.O., S.489

[107] Vgl. Ders., a.a.O., S.489

[108] Ders., a.a.O., S.489

[109] Ders., a.a.O., S.519

[110] Vgl. Ders., a.a.O., S.513f
[111] Vgl. Ders., a.a.O., S.62
[112] H.Hunger, Reallexikon der Assyrologie, Band.8,1993-1997, (Mondfin-sternis), S. 359
[113] Vgl. M.Jastrow, jr., a.a.O., S.585
[114] Vgl. R.Ganszyniec, a.a.O., Sp.290
[115] Vgl. Ders., a.a.O., Sp.290
[116] Vgl. Ders., a.a.O., Sp.290
[117] Vgl. Martin P.Nilsson, a.a.O., S.274
[118] Vgl. Ders., a.a.O., S.274
[119] Vgl. Ders., a.a.O., S.274
[120] Vgl. A.Jeremias, a.a.O., S. 240, 241, 357, 358
[121] Vgl. Plutarch (Plut. 2, 302)
[122] Vgl. A.Kaegi, Benselers Griechisch-Deutsches Schulwörterbuch, 1911, πέλεκυς
[123] Vgl. Ders., a.a.O.
[124] Vgl. Leipzig-Münchener sumerischer Zettelkasten, Teil 2, L-Z, S.551
[125] Robert D. Biggs, J.A.Brinkman et al (ed), THE ASSYRIAN DICTIONARY, Volume 12, 2005, p, pel-adj., S.319, b)
[126] Vgl. Dies., a.a.O., .319, b)
[127] W. von Soden, Akkadisches Handwörterbuch, Band II, M-S, pelu,S.854
[128] Robert D. Biggs, J.A.Brinkman et al (ed), a.a.O., S. 319, b)
[129] W.Héracourt, Englisch-Deutsches Wörterbuch, 1969, Bd. I, Englisch-Deutsch (eclipse), S.258
[130] Vgl. W. Hatto, a.a.O., Sp.431, m.w.N.; R.Hägg, Der neue Pauly, Bd.10, 2001, Sp. 902
[131] Martin P. Nilsson, a.a.O., S.257
[132] Vgl. M.Jastrow, jr., Die Religion Babyloniens und Assyriens, Band 2 (1912), S. 612 ff.
[133] Vgl. J.Stenger, a.a.O., Sp. 236
[134] Vgl. Ders., a.a.O., Sp. 236
[135] Vgl. F.Schachermeyr, a.a.O., S.308
[136] Vgl. Ders., a.a.O., S.308
[137] Vgl. F.Schachermeyr, Griechische Frühgeschichte, Ein Versuch, frühe Geschichte wenigstens in Umrissen verständlich zu machen (1984), S. 85
[138] Vgl. Ders., a.a.O., S.85
[139] Vgl. Ders., a.a.O., S.85
[140] Ders., a.a.O., S.85
[141] Vgl. Ders., a.a.O., S.85 u. Anm. 13
[142] Ders., a.a.O., S.86
[143] Ders., a.a.O., S.87
[144] Vgl. Ders., a.a.O., S.87
[145] Vgl. H.Cancik-Lindemaier, G.Kehrer et al, Handbuch religionswissen-schaftlicher Grundbegriffe, Bd. 4, Kultbild-Rolle, 1968, D. Phänome-nologie, V. Mythos und Ritual, S.451

[146] Vgl. Silvia L.Horwitz, a.a.O., S.83

[147] Vgl. E.Nack-W.Wägner, Hellas, Land und Volk der alten Griechen, (1960), S.55

[148] Vgl. Dies., a.a.O., S.55

[149] Vgl. G.Schwab, Die schönsten Sagen des klassischen Altertums, (1976), S.106

[150] Vgl. Ders., a.a.O., S.106

[151] Vgl. H.Hunger, Lexikon der Griechischen und Römischen Mythologie, Band 1, 1988, S.69, 70; E.Nack-W.Wägner, a.a.O., S.56

[152] Vgl. Dies., a.a.O., S.56

[153] Vgl. Dies., a.a.O., 56

[154] Vgl. H.Hunger, Lexikon der Griechischen und Römischen Mythologie, Band 2, 1988, S.505, 506; G.Schwab, a.a.O., S.107

[155] A.L.Oppenheim and E.Reiner, THE ASSYRIAN DICTIONARY, Volume 10, 1977, M., Part II, minitu, S.86-89 (87)

[156] G.Hiesel, a.a.O., S.223

[157] Vgl. H.Uhlig, Die Sumerer, Ein Volk am Anfang der Geschichte, S.219

[158] Vgl. F.Schachermeyr, Die minoische Kultur des alten Kreta, S.302 mit Hinweis auf Homer, Od. XIX, 179

[159] Vgl. M.Jastrow, jr., a.a.O., Bd. I, S.77

[160] Vgl. Ders., a.a.O., S.77

[161] Vgl. Ders., a.a.O., S.76

[162] Vgl. Ders., a.a.O., S.75

[163] Vgl. Stoll, Ausführliches Lexikon der Griechischen und Römischen Mythologie, Erster Band, Ariadne, Sp. 540

[164] M.Civil, I.J.Gelb, et al (ed), THE ASSYRIAN DICTIONARY, Volume 1, 1968 A, Part II, ar-hu, S.259

[165] M.Civil, I.J.Gelb et al (ed), THE ASSYRIAN DICTIONARY, Volume 1, 1968 A, Part II, ari-tu, S.269

[166] Vgl. M. Jastrow, jr., a.a.O., Zweiter Band, S.518, 612, 616f. (667)

[167] M.Civil, I.J.Gelb et al (ed), THE ASSYRIAN DICTIONARY, Volume 1, 1968, A, ari-tu, S.270, Ziff. 3

[168] Vgl. V.Pirenne-Delforge Romsée., Der neue Pauly, Band 1, A-Ari, Sp. 1076

[169] Vgl. F.Schachermeyr, a.a.O., S.310, mit Hinweis auf Anm. 27

[170] Vgl. J.Stenger, Der neue Pauly, Band 8, 2000, Mer-Op, Minotauros, Sp. 235,236; F..Poland in Paulys RE, Bd.30, Dreißigster Halbband, 1932, Met-Molaris Lapis (Minotauros), 1927f.; W.Helbig, Ausführliches Lexikon der Griechischen und Römischen Mythologie, Bd. 2, Minotauros, Sp. 3004f.

[171] Vgl. F.Humborg, in Paulys RE, 23. Halbband, Kynesioi-Legio, Sp.312

[172] Vgl. Ders., a.a.O., Sp.312, m.w.N.

[173] Vgl. Ders., a.a.O., Sp.314 mit Hinweis auf A.Evans, Skripta Minoa I (1909)

[174] Vgl. K.Hoeck, Kreta , Band 1, 1828, S.65f.

[175] Vgl. L.Preller, Griechische Mythologie, Band 2, 1861, S.124ff.
[176] Vgl. F.Humborg, a.a.O., Sp. 314 mit Hinweis auf A.Evans, Skripta Minoa (1909)
[177] Vgl. Ders., a.a.O., Sp.315 mit Hinweis auf das wörtliche Zitat von G.Karo, Archiv für Religionswissenschaften, VII, S.132
[178] Vgl. Martin P.Nilsson, a.a.O., S.297
[179] Vgl. Ders., a.a.O., S.297; vgl. F.Schachermeyr, Die minoische Kultur des alten Kreta, S.306f.
[180] E.Reinert, THE ASSYRIAN DICTIONARY, Volume 18,2006, T, taru, S. 248c
[181] Vgl. H.Menge, Menge-Güthling, Griechisch-Deutsches Wörterbuch, Teil 1, 1910, πέλωρ, to (ep.)
[182] Vgl. H.Hunger, a.a.O., S.359
[183] Vgl. A.Kaegi, Benselers, Griechisch-Deutsches Schulwörterbuch, πελιτνος
[184] Vgl. Ders., a.a.O., πέλευ, s. πέλω
[185] Vgl. K. Jacobitz-E.E.Seiler, Λ-Ω, Griechisch-Deutsches Wörterbuch, πέλω
[186] Vgl. F.Schachermeyr, a.a.O., S. 310
[187] Vgl. Ders., a.a.O., S.152
[188] Vgl. F.Poland, in Paulys RE, Band 30, Dreißigster Halbband, 1932, Met-Molaris Lapis (Minotauros), Sp.1931
[189] Vgl. F.Schachermeyr, a.a.O., S.156
[190] Vgl. F.Poland, a.a.O., Sp. 1931
[191] Vgl. Martin P.Nilsson, a.a.O., S.272
[192] Vgl. H.Baumann, a.a.O., S.115
[193] Vgl. H.Baumann, a.a.O., S.117
[194] Vgl. Übersicht bei Walter Pötscher, a.a.O., S. 17-66
[195] Vgl. Martin P.Nilsson, a.a.O., S.280f.
[196] Vgl. Ders., a.a.O., S.283
[197] Vgl. F.Schachermeyr,a.a.O., S.142; vgl. J.Lissner, Rätselhafte Kulturen, 1971, S.35
[198] Vgl. F. Schachermeyer., a.a.O., S.142, Anm. 11
[199] Vgl. Ders., a.a.O., S.142; Ders., Griechische Frühgeschichte, S.34
[200] Vgl. Martin P,Nilsson, a.a.O., S.281
[201] Vgl. F.Schachermeyr, Griechische Frühgeschichte, S.34
[202] Vgl. F.Schachermeyr, Die minoische Kultur des alten Kreta, S.163, mit Hinweis auf Nilsson, Anm.74
[203] Vgl. Ders., a.a.O., S.74
[204] Vgl. H.Baumann, a.a.O., S.122
[205] Vgl. Ders., a.a.O., S.122
[206] Vgl. Plutarch, Thes. 21, Kall. Hymn. Del. 307 ff.
[207] Vgl. K.Kerenyi, Labyrinth-Studien, 1950, S.38 m.w.N.
[208] Vgl. L.Preller, Griechische Mythologie, Band 1,1860, S.683; vgl. F.Schachermeyr, a.a.O., S.310
[209] Vgl. Plutarch, Thes. XX.

[210] Vgl. K.Kerenyi, a.a.O., S.38 m.w.N.

[211] Vgl. F.Schachermeyr, a.a.O., S.159, 160

[212] Vgl. Ders., a.a.O., S.142

[213] Vgl. Ders., a.a.O., S.159, 160

[214] Vgl. Ders., a.a.O., S.171, 172

[215] Vgl. Ders., a.a.O., S.153

[216] Vgl. H.Wunderlich, Wohin der Stier Europa trug, (1972), S.154;

[217]     F.Schachermeyr, a.a.O., S.158

[218] Vgl. H.Wunderlich, a.a.O., S.151, 205ff.

[219] Vgl. H.G.Wunderlich, a.a.O., S.15, mit Hinweis auf O.Spengler, Der Untergang des Abendlandes

[220] Vgl. H.G.Wunderlich, a.a.O., S.15, mit Hinweis auf O.Spengler, a.a.O.

[221] Vgl. H.G.Wunderlich, a.a.O., S.320 ff., Anhang: Diskussion von Knossos, 1971

[222] Vgl. Sylvia L.Horwitz, a.a.O., S.252, mit Hinweis auf die englische Archäologin Jacquetta Hawkes

[223] Vgl. F.Schachermeyr, a.a.O., S.159

[224] Vgl. Ders., a.a.O., S.159

[225] Vgl. Ders., a.a.O., S.159 mit Hinweis auf F..Matz, Göttererscheinung und Kultbild im minoischen Kreta

[226] Vgl. H.G.Wunderlich, a.a.O., S.90 mit Hinweis auf Th. Münster, Kreta hat auch andere Sterne, München 1960

[227] Vgl. F.Schachermeyr, a.a.O., S.160

[228] Vgl. Ders., a.a.O., S.159

[229] Vgl. H.G.Wunderlich, a.a.O., S.67

[230] Vgl. Martin P.Nilsson, a.a.O., Tafel 23, Nr. 1

[231] Vgl. R. Grosse, Paulys RE, Dreiundzwanzigster Halbband, Kynesioi-Legio, 1924, Sp. 240, m.w.N.

[232] Vgl. Ders., a.a.O., Sp. 240 m.w.N.

[233] Vgl. Ders., a.a.O., Sp. 240 m.w.N.

[234] Vgl. Ders., a.a.O., Sp. 242, m.w.N.

[235] Vgl. Ders., a.a.O., Sp. 241, m.w.N.

[236] Vgl. C.E. Georges, Ausführliches Lateinisch-Deutsches Handwörterbuch, 1972, Labarum

[237] Vgl. A. Patristic Greek Lexicon, Oxford 1961, λάβαρον, S. 789

[238] Vgl. Ders., a.a.O., λαβ(υ)ρατον, S. 789

[239] Vgl. W. von Soden, Akkadisches Handwörterbuch, Band I, A-L, 1985, S.526

[240] Vgl. Ders., a.a.O., S. 526

[241] E. Weidner, Archiv für Orientforschung, 1957, Labunu, 18, 355

[242] Vgl. F. Passow (Johann Gottlob Schneider), Handwörterbuch der Griechischen Sprache, Zweiter Band, A-Ω, 1828, λάβρυς; E.A.Sophocles, Greek Lexicon of the Roman and Byzantine Periods, Volume II, λάβρυς, S.702

[243] Vgl. C. B. Pelling, T. Heinze, Der neue Pauly, Band 9, 2000, Or-Poi, 1. Leben und Werküberblick, Sp. 1159

155

244 Plutarch, Mor. 302a; Plutarch quaest-Graec. 45
245 Vgl. W. von Soden, Akkadisches Wörterbuch, Band II, M-S, 1972,
    S.854; vgl. ebenso Anm. 128, 129
246 Vgl. Menge-Güthling, Langenscheidts Großwörterbuch Griechisch-
    -Deutsch mit Etymologie, 1967, πελεμίζω, S.538
247 Vgl. Ders., a.a.O., πέλωρ, S. 539
248 Plutarch, a.a.O.
249 Vgl. Pe. Högemann, Der neue Pauly, Band 6, 1999, Sp. 1035, 1036
250 Vgl. Ders., a.a.O.
251 Vgl. Ders., a.a.O.
252 Vgl. W. H. G., Der kleine Pauly, 1969, Labrys, sp. 431
253 Vgl. R. Ganszyniek, a.a.O., Sp. 287
254 Vgl. Ders., a.a.O.
255 Vgl. H. Frisk, Griechisches Etymologisches Wörterbuch, Band II,
    1970, Kϱ-Ω, λαβύϱινθος, S.170
256 Vgl. J. B. Hofmann, Etymologisches Wörterbuch des Griechischen,
    1949, λαβύϱινθος, S.170
257 F. Schachermeyr, a.a.O., S. 237
258 Ders., a.a.O.
259 Vgl. Suffix (lat.) an einen Wortstamm angehängte Ableitungssilbe
    (Duden, Das Fremdwörterbuch, Bd. 5, 1990)
260 Vgl. F. Schachermeyr, a.a.O.
261 Vgl. W. von Soden, Akkadisches Handwörterbuch, Band I, A-L, 1985,
    S.526
262 Vgl. Duden, Das Fremdwörterbuch, Band 5, 1990, S. 178
263 M. Civil, et al, THE ASSYRIAN DICTIONARY, 1973, Labbunu, S. 25
264 F. Passow, a.a.O., λάβϱος
265 Vgl. Ders., a.a.O.
266 Vgl. Menge-Güthling, a.a.O., πελεμίζω, S. 538
267 Vgl. Martin P. Nilson, a.a.O., S.301
268 Vgl. Ders., a.a.O., S.302
269 Vgl. Ders., a.a.O., S.302, m.w.N.
270 Vgl. Ders., a.a.O., S.302
271 Vgl. Ders., a.a.O., S.302
272 Vgl. P.Jensen, Reallexikon der Assyrologie und vorderasiatischen
    Archäologie (1928), Band 1, Astramythen, S.306
273 Vgl. Ders., a.a.O., S.305
274 Vgl. K.Kerenyi, a.a.O., S.32, Anm. 58
275 Vgl. Otto Jahn, Archäologische Beiträge, 1847, S.272
276 Vgl. Ders., a.a.O., S.272
277 Vgl. J.Koerner, Die Suche nach dem Labyrinth, 1983, S.56
278 Ders., a.a.O., S.65
279 Ders., a.a.O., S.53
280 Ders., a.a.O., S.272
281 Vgl. S.L.Horwitz, a.a.O., S. 252
282 Vgl. Dies., a.a.O., S. 252

# Literaturverzeichnis

Baumann, Hans, Löwentor und Labyrinth, Bertelsmann Jugendbuchverlag Reinhard Mohn, Gütersloh 1966

Hoeck, Karl, Kreta, Band 1, Göttingen, Verlag Carl Eduard Rosenbusch, 1828

Horwitz Sylvia L., Knossos, Sir Arthur Evans auf den Spuren des Königs Minos
Originaltitel: „The Find of a Lifetime", Manfred Pawlak Verlagsgesellschaft mbH, Herrsching 1990

Jastrow, Morris, jr., Die Religion Babyloniens und Assyriens, Erster Band, J.Richter´sche Verlagsbuchhandlung, Giessen 1905

Jastrow, Morris, jr., Die Religion Babyloniens und Assyriens, Zweiter Band, J.Richter´sche Verlagsbuchhandlung, Giessen 1912

Jeremias, Alfred, Handbuch der altorientalischen Geisteskultur, 2.Auflage, Verlag von Walter de Gruther und Co., Berlin und Leipzig 1929

Kerenyi, Karl, Labyrinth-Studien: Labyrinthos als Linienreflex einer mythologischen Idee, 2.Auflage, Rhein-Verlag, Zürich 1950

Koerner, Joseph Leo, Die Suche nach dem Labyrinth, Der Mythos von Dädalus und Ikarus, Erste Auflage, Suhrkamp Verlag, Frankfurt am Main 1983

Lissner, Ivar, Rätselhafte Kulturen, Die Welt aus der wir kamen, Versunkene Städte Geheimnisvolle Völker Meisterwerke vergangener Technik, 3.Auflage, Wilhelm Heyne Verlag, München 1971

Nack, Emil – Wägner, Wilhelm, Hellas, Land und Volk der alten Griechen, Verlag Carl Ueberreuter, Wien-Heidelberg 1960

Nilsson, Martin P., Geschichte der griechischen Religion, Erster Band, Die Religion Griechenlands bis auf die griechische Weltherrschaft, 2.Auflage, C.H.Beck´sche Verlagsbuchhandlung, München MCMLV (1955)

Pötscher, Walter, Aspekte und Probleme der minoischen Religion, ein Versuch, Georg Olms Verlag, Hildesheim, Zürich, New York, 1990

Preller, Ludwig, Griechische Mythologie, Band 1, 2. Auflage, Weidmannsche Buchhandlung, Berlin 1860

Preller, Ludwig, Griechische Mytholigie, Band 2, 2. Auflage, Weidmannsche Buchhandlung, Berlin 1861

Schachermeyr, Fritz, Die minoische Kultur des alten Kreta, Zweite Auflage 1979, Verlag W. Kohlhammer GmbH, Stuttgart, Berlin, Köln, Mainz

Schachermeyr, Fritz, Griechische Frühgeschichte, Ein Versuch, frühe Geschichte wenigstens in Umrissen verständlich zu machen, Verlag der Österreichischen Akademie der Wissenschaften, Wien 1984

Schwab, Gustav, Die schönsten Sagen des klassischen Altertums, Wiener Verlag, Wien 1976

Uhlig, H.U., Die Sumerer, Ein Volk am Anfang der Geschichte, 3.Auflage, Bastei Lübbe 2002

von Ranke-Graves, Robert, Griechische Mythologie, Quellen und Deutung, Rowohlt Taschenbuchverlag GmbH, Reinbek bei Hamburg, 1960

Wunderlich, H.G., Wohin der Stier Europa trug, Kretas Geheimnis und das Erwachen des Abendlandes, Rowohlt Verlag GmbH, Reinbek bei Hamburg 1972


Paulys Real-Encyklopädie der classischen Altertumswissenschaft, Dreissigster Halbband, Herausgegeben von W.Kroll, Met-Molaris Lapis, Alfred Druckenmüller Verlag, Stuttgart 1932
Paulys Real-Encyklopädie der classischen Altertumswissenschaft, Dreiundzwanzigster Halbband. Herausgegeben von W.Kroll, Kyne-

sioi-Legio, J.B.Metzlersche Verlagsbuchhandlung 1924, Stuttgart 1924

Der kleine Pauly, Lexikon der Antike in fünf Bänden, Herausgegeben von K. Ziegler u. W. Sontheimer, Band 3, Juppiter bis Nasidiemus, Deutscher Taschenbuch Verlag GmbH u. Co.KG, München 1979

Der neue Pauly, Enzyklopädie der Antike, Herausgegeben von H. Canicik u. H. Schneider, Band 1, A-Ari, Verlag J. B. Metzler, Stuttgart - Weimar, 1996

Der neue Pauly, Enzyklopädie der Antike, Herausgegeben von H. Canicik u. H. Schneider, Band 6, Iul-Lee, Verlag J. B. Metzler, Stuttgart - Weimar, 2000

Der neue Pauly, Enzyklopädie der Antike, Herausgegeben von H.Canicik u. H. Schneider, Band 8, Mer-Op, Verlag J. B. Metzler, Stuttgart - Weimar 2000

Der neue Pauly, Enzyklopädie der Antike, Herausgegeben von H. Canicik u. H. Schneider, Band 9, Or-Po, Verlag J. B. Metzler, Stuttgart-Weimar, 2000

Der neue Pauly, Enzyklopädie der Antike, Herausgegeben von H. Canicik u. H. Schneider, Band 10, Pol-Sal, Verlag J. B. Metzler, Stuttgart - Weimar 2001

Lexikon früher Kulturen, Band 1, A/L, 1. Auflage, VEB Bibliographisches Institut, Leipzig 1984

Ausführliches Lexikon der griechischen und römischen Mythologie, Herausgegeben von W. H. Roscher, Erster Band, Druck und Verlag von B. G. Teubner, Leipzig 1884-1890

Ausführliches Lexikon der griechischen und römischen Mythologie, Herausgegeben von W. H. Roscher, Zweiter Band, Druck und Verlag von B. G. Teubner, Leipzig 1890-1897
H. Hunger, Lexikon der griechischen und römischen Mythologie, 8. Auflage, Verlag Brüder Hollinek, Wien, 1988

Reallexikon der Assyrologie und Vorderasiatischen Archäologie, herausgegeben von Erich Ebeling u. Bruno Meissner, , Band 1, A-Bepaste, Verlag Walter de Gruyter & Co., Berlin und Leipzig 1928, S. 305-309

Reallexikon der Assyrologie und Vorderasiatischen Archäologie, herausgegeben von Dietz Otto Edzard, Band 5, Ja…-Kizzuwatna, Walter de Gruyter Verlag, Berlin – New York, 1976-1980, S.74-89

Reallexikon der Assyrologie und Vorderasiatischen Archäologie, herausgegeben von Dietz Otto Edzard, Band 8, Meek-Mythologie, Walter de Gruyter Verlag, Berlin - New York, 1993-1997, S.358-359

Reallexikon der Assyrologie und Vorderasiatischen Archäologie, herausgegeben von M. P. Streck, Band 13, Walter de Gruyter GmbH & Co. KG, Berlin / Boston 2011, S.75-78

M. Civil, I. J. Gelb, et al (ed)
The Assyrian Dictionary of the University of Chicago, Volume 1, A, Part II (Chicago/Glückstadt, Germany, 1968)

E. Reinert
The Assyrian Dictionary of the University of Chicago, Volume 18, T (Chicago 2006)

A. Leo Oppenheim and Erica Reiner,
The Assyrian Dictionary of the University of Chicago, Volume 10, M, Part II, Chicago 1977

R.D.Biggs, J. A. Brinkman et al (ed)
The Assyrian Dictionary of the University of Chicago, Volume 12, P, Chicago 2005

Will Héraucourt, Englisch-Deutsches Wörterbuch, Band 1, 16. Auflage, Brandstetter Verlag, Wiesbaden 1969
Frisk, H., Griechisches Etymologisches Wörterbuch, Band II, 1970, Kϱ-Ω, Carl Winter Universitätsverlag, Leipzig, Berlin, 1911

Hofmann, Johann Baptist Etymologisches Wörterbuch des Griechischen, 1949, Oldenbourg Verlag, München

K. Jakobitz – E. E. Seiler, Griechisch-Deutsches Wörterbuch, Dritte Auflage, Leipzig 1890, J. Hinrich´sche Buchhandlung

G. W. H. Lampe, D. D., A patristic Greek Lexicon at the Clarendon Press Oxford 1961

Georges, Karl Ernst, Ausführliches Lateinisch-Deutsches Handwörterbuch, , 13. Auflage, 1972, Hansche Buchhandlung Hannover

Passow, Franz, Handwörterbuch der Griechischen Sprache (Johann Gottlob Schneider), 1828, Zweiter Band, Λ-Ω

E. A. Sophocles, Greek Lexicon of the Roman and Byzantine periods, Volume II, Frederick Ungar Publishing Co. New York

Menge-Güthling, Langenscheidts Großwörterbuch, Griechisch-Deutsch mit Etymologie, 20. Auflage 1967, Langenscheidt, Berlin-München-Zürich

Von Soden, Wolfram, Akkadisches Handwörterbuch, Band II, M-S, Otto Harrassowitz-Verlag, Wiesbaden 1972

Von Soden, Wolfram, Akkadisches Handwörterbuch, Band I, A-L, Otto Harrassowitz-Verlag, Wiesbaden 1985

Duden, Fremdwörterbuch, Band 5, 1990, Duden-Verlag, Mannheim-Leipzig-Wien-Zürich


Peters, Martin in: Studia minoa Fakultatis philosophicae Universitatis brunensis, N, Series classica
Herausgeber: Masarkova universitata, filozofick fakulta, Brno 2001-2002, vol. 50-51, iss. N6-7

Weidner, Ernst, Archiv für Orientforschung, 1957